vocabulário do
açúcar

HISTÓRIAS, CULTURA E GASTRONOMIA
DA CANA SACARINA NO BRASIL

FSC
www.fsc.org
MISTO
Papel produzido a partir de fontes responsáveis
FSC® C012418

Dados Internacionais de Catalogação na Publicação (CIP)
(Câmara Brasileira do Livro, SP, Brasil)

Lody, Raul
  Vocabulário do açúcar : histórias, cultura e gastronomia da cana sacarina no Brasil / Raul Lody. – São Paulo: Editora Senac São Paulo, 2011.

  Bibliografia.
  ISBN 978-85-396-0146-2

  1. Açúcar como alimento – História 2. Cana-de-açúcar – Brasil – História 3. Cana-de-açúcar – Cultura – Brasil 4. Doces – Brasil 5. Doces (Culinária) 6. Gastronomia – História 7. Receitas I. Título.

11-09723   CDD-641

Índice para catálogo sistemático:
1. Açúcar : Doces : Gastronomia : História   641

RAUL LODY

vocabulário do açúcar

HISTÓRIAS, CULTURA E GASTRONOMIA
DA CANA SACARINA NO BRASIL

editora
senac
são paulo

ADMINISTRAÇÃO REGIONAL DO SENAC NO ESTADO DE SÃO PAULO
Presidente do Conselho Regional: Abram Szajman
Diretor do Departamento Regional: Luiz Francisco de A. Salgado
Superintendente Universitário e de Desenvolvimento: Luiz Carlos Dourado

EDITORA SENAC SÃO PAULO
Conselho Editorial: Luiz Francisco de A. Salgado
 Luiz Carlos Dourado
 Darcio Sayad Maia
 Lucila Mara Sbrana Sciotti
 Jeane Passos Santana

Gerente/Publisher: Jeane Passos Santana (jpassos@sp.senac.br)

Editora Executiva: Isabel M. M. Alexandre (ialexand@sp.senac.br)
Assistente Editorial: Pedro Barros (pedro.barros@sp.senac.br)

Edição de Texto: Léia M. F. Guimarães
Preparação de Texto: Frank Ferreira
Apoio à Pesquisa: Jorge Sabino
Revisão de Texto: Denise de Almeida, Kimie Imai, Luiza Elena Luchini (coord.)
Ilustrações: Raul Lody
Projeto Gráfico e Capa: Antonio Carlos De Angelis
Foto da Capa: Açucareiro em prata portuguesa, c. 1877.
Impressão e Acabamento: Prol Editora Gráfica

Comercial: Rubens Gonçalves Folha (rfolha@sp.senac.br)
Administrativo: Carlos Alberto Alves (calves@sp.senac.br)

Proibida a reprodução sem autorização expressa.
Todos os direitos reservados a
Editora Senac São Paulo
Rua Rui Barbosa, 377 – 1º andar – Bela Vista – CEP 01326-010
Caixa Postal 1120 – CEP 01032-970 – São Paulo – SP
Tel.(11) 2187-4450 – Fax (11) 2187-4486
E-mail: editora@sp.senac.br
Home page: http://www.editorasenacsp.com.br

© Raul Lody, 2011

sumário

Nota do editor 7

Apresentação 13

Açucarando 15

Vocabulário do açúcar 35

Bibliografia 135

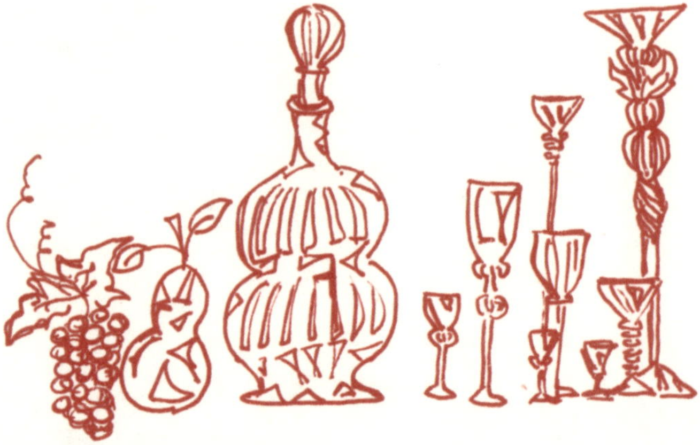

Nota do editor

Nesta pesquisa, Raul Lody dirige seu olhar atento e apaixonado – mas treinado na investigação sociológica – às marcas que o cultivo da cana-de-açúcar e a utilização de seus derivados imprimiram na sociedade brasileira, desde a chegada das primeiras mudas que teriam vindo da Malásia, no outro lado do mundo.

As próprias condições iniciais da monocultura da cana-de-açúcar e os primórdios da colonização portuguesa propiciaram a combinação do produto com ingredientes locais ou importados, de sorte que entre nós, brasileiros, o preparo e o consumo de iguarias e bebidas adoçadas atingiram níveis excepcionais. Para descrever e comentar esses e outros fatos históricos e socioculturais correlatos, Lody optou pela construção da rica coleção de verbetes contida neste livro.

Esta publicação do Senac São Paulo vem somar-se às dezenas de textos que Lody tem produzido sobre temas nacionais, especialmente em referência às coisas de comer e beber, seu objeto de estudo e devoção. Para suprir as eventuais e irrecorríveis lacunas da ligação empírica, Lody recorreu a uma extensa bibliografia e a pesquisas no Brasil e na Europa.

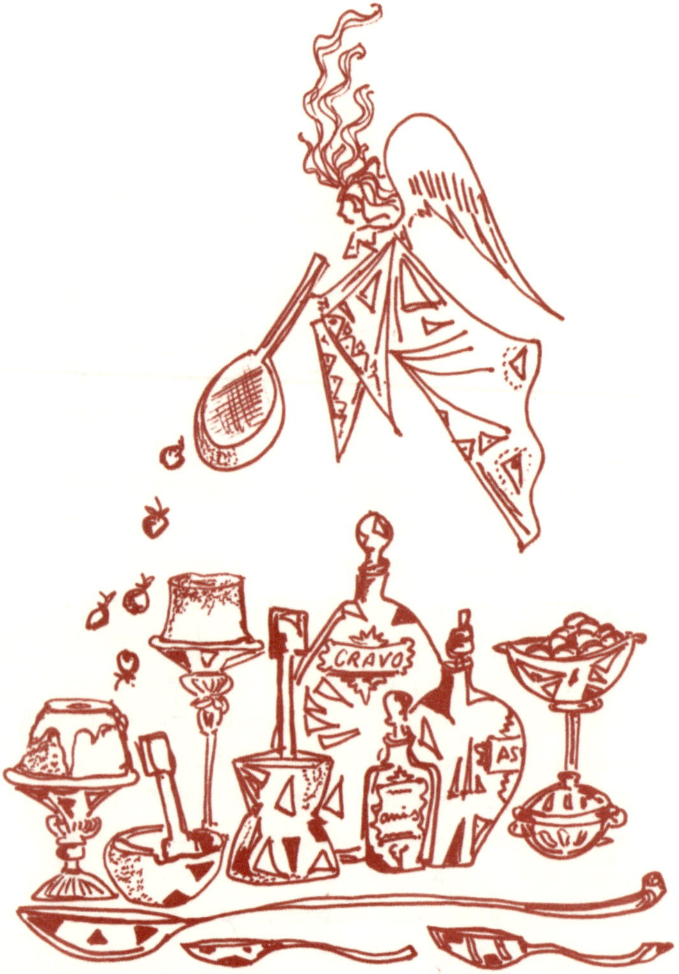
CRAVO
AS
anis

*O
VOCABULÁRIO DO AÇÚCAR
é dedicado aos doceiros e às
"boleiras" do Recife que
tanto preservam suas receitas e
transmitem os sabores autorais e
próprios da vocação
de tornar a boca doce.*

Senhor dono da casa
olhos de cana-caiana
Quanto mais a cana cresce
Mais aumenta a sua fama.

(Tradição oral e popular de Pernambuco)

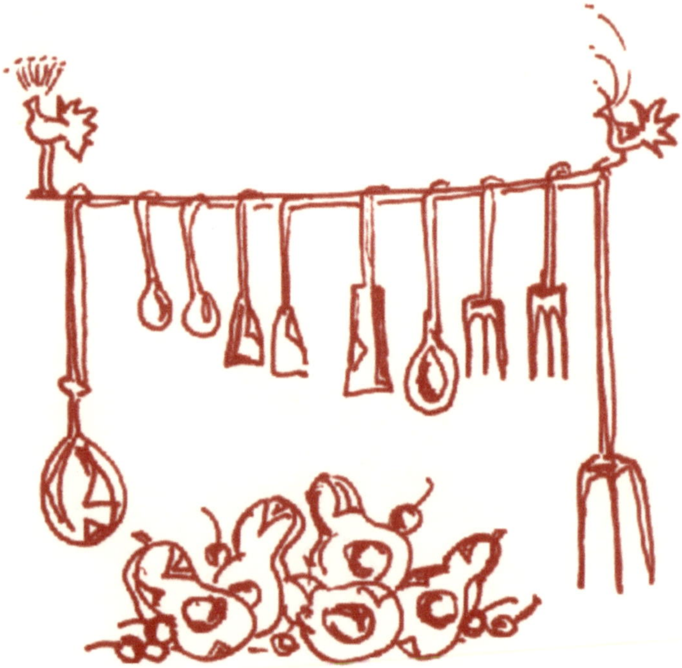

apresentação

O *Vocabulário do açúcar: histórias, cultura e gastronomia da cana sacarina no Brasil* é uma ampla leitura, histórica, antropológica, social, gastronômica e principalmente cultural de um dos temas mais marcantes na vida brasileira – o açúcar da cana sacarina e tudo aquilo que ele representa e significa para a formação do povo brasileiro.

Este vocabulário traz verbetes que possibilitam muitas conexões aos leitores, contemplando temas como as tipologias dos engenhos no Brasil, em especial no Nordeste; as características dos equipamentos dos engenhos tradicionais, dos séculos XVII, XVIII e XIX, conhecidos como engenhos banguê; os aspectos dos engenhos matriciais da ilha da Madeira e da ilha dos Açores, em Portugal; as receitas tradicionais e medievais dos conventos de Portugal, formadoras da nossa doçaria; os ingredientes nativos – "da terra" – na construção dos doces tradicionais brasileiros; os tipos de utensílios que formam esse universo culinário; os tipos de cana-de-açúcar; e os aspectos contextuais, como as festas populares e os "doces de celebração".

É uma obra pioneira, fundamentada em conteúdos que vêm de longo processo de pesquisas de campo no Brasil, no continente africano – Magreb – e em Portugal, além de pesquisas em arquivos históricos no Brasil e na Europa, incluindo vastas leituras complementares.

O *Vocabulário do açúcar* é uma obra contemporânea, com testemunhos patrimoniais da "saga do açúcar" no Brasil, sob a ótica da antropologia da alimentação, além de ser referência para muitos segmentos profissionais e para aqueles que gostam dos temas da gastronomia e da cultura brasileiras.

Apresenta 1.207 verbetes, uma introdução de base antropológica e histórica, além de extensa bibliografia. O texto é complementado por uma série de vinhetas e ilustrações criadas pelo autor.

açucarando

O açúcar, tema e motivo para muitos processos sociais, é formador de mentalidades, de histórias, de tradições, de costumes e de diferentes maneiras de como ver o mundo.

O açúcar fundamentou o poder econômico e o incremento da escravidão, com o apoio total da igreja Católica, para a organização dos sistemas coloniais e para formar uma civilização com base na cana sacarina. Era a civilização do açúcar. Um lastro de processos agrícolas unidos às experiências dos povos do Oriente, com suas técnicas para a extração do açúcar.

O açúcar chega e fica no Brasil. Pois no açúcar imprime-se a bandeira colonial portuguesa.

– Pois produzir açúcar também é preciso...

Açúcar da cana sacarina, um produto que chega como especiaria, nova especiaria. Um impacto do Oriente no Ocidente

O "ouro-verde" dos canaviais e o "ouro branco" do açúcar estabelecem amplos sistemas comerciais. É a ocupação de territórios inicialmente já globalizados na extensa e intensa relação entre o Ocidente e o Oriente.

A cana sacarina vem imperar como monopólio para a produção e principalmente para a venda de açúcar. Planta do Oriente, da bacia malaia, da Nova Guiné, já conhecida e transformada em cristais de açúcar na China, no século II a.C., e sacralizada em técnicas de produção na Índia. E assim ganha o mundo.

Chega ao Mediterrâneo, com os mercadores árabes, e segue para a Europa, onde conquista novos territórios, novos consumos, novos lugares sociais no cenário crescente das especiarias. Portugal, já singrando "por mares nunca de antes navegados", vai dominando outros mercados.

– Pois plantar cana sacarina e fazer açúcar também é preciso!

Para a produção do açúcar, é preciso dispor de solo propício, dominar técnicas, ter "mestres de ofício" que façam viver as moendas e as tachas, que preparem os caldos e o mel, para conseguir os tão estimados cristais de açúcar. Açúcar feito de cana sacarina. Açúcar para adoçar o poder. Adoçar os cardápios. Transformar relações. Provocar diásporas. Alimentar reinos. Dominar mercados.

– Pois dominar mercados também é preciso!

Açúcar para construir e firmar o Brasil. É o açúcar, misturando-se à conquista da terra, da Colônia.

André João Antonil (1711), cronista da saga do açúcar no Brasil, vê antes de tudo as relações sociais que vão se delineando nos caminhos da Colônia, nos caminhos do açúcar, nos engenhos que já dominavam os mercados do mundo nessa época. Pernambuco, assim, já imperava, e Antonil aponta para o açúcar como vencedor das amarguras que vai dar gosto ao paladar.

Diga-se: um paladar formado nas experiências dos canaviais – e, desse modo, se vai criando o gosto pelo que é doce, pelo que é muito doce.

>Aceite sem receio,
>Azeite de cima,
>Mel do fundo,
>Vinho do meio.
>*(Tradição oral e popular do Nordeste)*

O Engenho Real, fábrica de açúcar criada no Brasil pelo reino de Portugal, seguia os modelos de funcionamento dos engenhos das ilhas da Madeira e dos Açores. Tudo começa na roda-d'água, moenda movida com a força hidráulica dos rios; havia outros engenhos cujas moendas eram movidas a tração animal ou mesmo humana. Pois moer a cana sacarina era preciso.

– Conquistar mercados é também preciso!

Alguns engenhos começaram no litoral. Contudo, o melhor "chão" para se plantar cana sacarina estava na chamada Zona da Mata – região que acompanha a Mata Atlântica –, que seguia o desenho das praias, das baías e de outras áreas da costa. Costas do Nordeste de um Brasil que ia conhecendo outras costas. Costas de cajueiros, goiabeiras, araçazeiros, mangabeiras: sabores "da terra".

A terra do massapê, do barro vermelho, dos tabuleiros. Essa terra foi ocupada pela *plantation* da cana como um verdadeiro mar de cana, "mar de cana sacarina".

A mata nativa transforma-se no império da monocultura. Pois: Nordeste, teu nome é açúcar.

> Impossível afastar a monocultura de qualquer esforço de interpretação social e até psicológica que se empreenda do Nordeste agrário. A monocultura, a escravidão, o latifúndio – mas principalmente a monocultura – aqui é que abrigam na vida, na paisagem e no caráter da gente as feridas mais fundas. O perfil da região é o perfil de uma paisagem enobrecida pela capela, pelo cruzeiro, pela casa-grande, pelo cavalo de raça, pelo barco a vela, pela palmeira-imperial, mas deformada, ao mesmo tempo, pela monocultura latifundiária e escravocrática; esterilizada por ela em algumas de suas fontes de vida e de alimentação mais valiosas e mais puras; devastada nas suas matas; degradada nas suas águas.
> (Freyre, 1967, p. XII.)

Gilberto Freyre dirige um olhar novo e transgressor sobre a região. Assim, em seu livro *Nordeste* (originalmente publicado em 1939), ele expõe pioneiramente o conceito de ecologia e a palavra que o designa. Louva-se o açúcar; contudo, olhando-se para a natureza, para a escravidão e para a Mata Atlântica. Era um olhar profundamente crítico, que se afastava do ufanismo e buscava uma compreensão complexa, social, cultural e principalmente ambiental. É o Nordeste além do imaginário do paraíso tropical.

> CANA-CAIANA, CANA-ROXA, CANA-FITA.
> CADA QUAL MAIS BONITA,
> TODAS BOAS DE CHUPÁ!
> A CANA PRETA, AMARELA, PERNAMBUCO,
> QUERO VÊ DESCER O SUCO,
> NA PANCADA DO GANZÁ!
>
> *(Poesia popular do coco de roda, Nordeste)*

Engenhos dominadores, fundadores. Pois fazer açúcar também era economicamente preciso.

Alguns engenhos reais do século XVI: Bom Jesus; Garapa; Salgado; Camaragibe; Peres; N. S. da Palma; Sibiró de Riba; Garapu Velho; Santa Luzia; Três Reis. Todos para plantar, colher e fabricar açúcar. Fabricar acima de tudo – acima da mata, do bicho, da água e do homem.

O açúcar domina a paisagem, domina a vida, pois nada é mais importante do que o açúcar.

A construção simbólica da Região Nordeste, a partir de *Nordeste*, de Freyre, inaugura um conjunto de maneiras sensíveis de como ver e compreender o trópico. A ecologia e o humanismo em confronto com a moenda que tudo transforma.

É a formação da sociedade brasileira, da civilização do açúcar.

– Pois alimentar o mercado também é preciso!

A grande fome de açúcar da Companhia das Índias Ocidentais aumenta o tráfico de escravos trazidos do continente africano, e os comerciantes da Companhia invadem os territórios ibéricos no Novo Mundo.

Em 1630, a Companhia das Índias Ocidentais chega a Pernambuco.

– Pois saquear também é preciso!

Eram milhares de florins que custeavam a invasão. Chamou-se esse empreendimento comercial de invasão holandesa.

O alemão Maurício de Nassau coordenou a invasão da Companhia das Índias Ocidentais ao Nordeste, especialmente a Pernambuco. Desse território, enviou muitos objetos para os Países Baixos (Holanda): doces de frutas nativas, como goiaba, caju e mangaba, entre outras; desenhos e pinturas sobre o Brasil.

Nesse período, a Europa estabelece contatos mais profundos com o Oriente, com a África e com as Américas, e vive-se uma busca pelo exótico. Faz-se surgir assim os "gabinetes de curiosidades". É a Europa dominadora, que quer reunir os testemunhos dos povos dominados. A Europa dos gabinetes em que se colecionavam "coisas" de outros povos, dos "povos selvagens", "primitivos" – que eram, fundamentalmente, diferentes.

Nos territórios dominados, era preciso, além de fazer açúcar, criar uma guerra, a "Guerra do Açúcar". O Leão do Norte quer rugir e reaver seu mar de cana. Ter de novo sua "moita" para moer a cana sacarina. Retomar o domínio do caldo que vira açúcar para o reino, para Portugal.

Os engenhos traduzem os conhecimentos, os costumes, as tradições, a religiosidade e principalmente vivem as técnicas de fazer açúcar.

Finca-se a bandeira da fé cristã, inseparável do reino e da escravidão, para então se produzir açúcar, muito açúcar.

O açúcar é o melhor indicador do poder, um misto de nobreza rural, patriarcas, colonos formais, homens açucareiros, que querem dinheiro acima da mata e acima do homem. Até que as Antilhas ganhem os mercados, e o açúcar fabricado com sangue africano passe a competir com o de outros produtores.

– Porque exportar açúcar é muito, muito preciso!

No entanto, temos ouro no Brasil. Temos também diamantes. Nessa busca de produzir açúcar, produzir para exportar, Portugal ainda crê que o Brasil é a melhor opção, uma opção "doce".

Continua-se a produzir açúcar com o sangue de escravos do continente africano, tidos como máquinas vivas que movimentam as moendas, trabalham nas casas de purgar e de fazer o açúcar. Eles também estão nas cozinhas, com novos processos culinários e com novas interpretações do que é doce.

Vive-se intensamente o açúcar, e a mesa regional ganha novos cardápios. A nobreza das mesas é avaliada pela quantidade e pela variedade de doces, das pirâmides de açúcar. Pelo uso de porcelana da China, de muita prata, de tecidos de linho, de toalhas adamascadas. Tudo é experimentado nas casas-grandes. Nos cenários das grandes cozinhas. No cultivo de fazer doces. Doces especiais, doces autorais.

O homem na escravaria e a mulher nas caldas, nos "pontos de açúcar", que lembram os doces conventuais, e criando outros, elaborando receitas de família.

Continuamos a fazer doces, muitos doces. Levam-se os doces aos ambientes públicos, às quitandas. Eram os "ganhos", os "tabuleiros", com as mulheres da Costa.

Açúcar nas frutas, nas massas de farinha de trigo e nos ovos, unido à canela do Ceilão e ao cravo-da-índia, entre tantas outras especiarias já conhecidas.

Receitas que adoçam bocas e reinos. São também receitas para celebrar a fé em Deus, sempre louvado à mesa nos muitos conventos de Portugal. São as receitas que chegam para adoçar o espírito.

Assim, a nossa doçaria já nasce globalizada, com receitas de diferentes lugares do mundo. Por isso, os doces tradicionais brasileiros são ricos em ingredientes e em técnicas culinárias. E, principalmente, são saborosos.

Contudo, o açúcar também integra diferentes receitas, com carne de caça, de peixes e aves, com legumes e com tudo mais que possa ir à mesa.

Os povos do Magreb, no norte do continente africano, preservam, entre tantas receitas, a da *bisteyaa* – torta de pombo folhada, pulverizada com açúcar e canela.

Na Europa medieval, durante longo período, o açúcar era misturado à quase totalidade dos pratos, como também o eram as muitas e diferentes especiarias utilizadas em quantidade nas receitas, o que tornava irreconhecíveis os sabores originais dos ingredientes. Eram os cardápios da nobreza, pois a maioria da população frequentemente passava fome.

Em grande parte, esses cardápios medievais da Europa fundamentavam-se na cozinha árabe: ingredientes, técnicas culinárias, rituais de servir e de comer. Os mais próximos desses fundamentos culinários são os ibéricos. A civilização arábica está presente na organização dos cardápios e também na estética dos pratos. Tudo isso chega junto, numa espécie de africanização da nossa mesa, em especial a dos doces. Trata-se de uma "africanização islâmica-mediterrânea", conformadora da mesa de Portugal, que valoriza o que é doce, ou o que seja considerado doce. Aí, imperam as amêndoas, as águas de flores de laranjeira e de rosas, e a união da canela com o açúcar.

A saga do açúcar traz a experiência dos povos muçulmanos, dos encontros, e dos confrontos entre os romanos e os gregos, e suas respectivas civilizações.

Os mais profundos retratos sociais vão se dar à mesa. Pelos rituais e estilos de servir, pelo que se serve, por como se come, por como se dá significado a cada prato ou ingrediente e por como se vive cada sabor. À mesa estão os comportamentos, as hierarquias, os lugares sociais de homens e de mulheres. Comer é a melhor síntese da história, das regras sociais, dos dogmas religiosos. Tudo isso se une à etiqueta, à moda, aos modos de se relacionar com a comida, ou melhor, de simbolizar a comida.

Sem dúvida, a entrada do açúcar da cana sacarina como ingrediente transforma, enriquece e amplia os comportamentos.

Em 1680, no clássico *Arte de cozinha*, Domingos Rodrigues, o então cozinheiro do rei de Portugal, confirma uma cozinha rica de cravo, de canela, de açúcar. São cardápios orientalizados, afro-islamizados, que consolidam uma cozinha tradicional portuguesa.

Entre os muitos resultados culinários do Magreb está o nosso querido arroz-doce – em árabe, *ruz bi alib* –, que ganha por aqui o acréscimo do leite de coco. Algumas outras receitas prescrevem raspas de limão ou o enriquecimento com gemas de ovos, entre tantas maneiras de se fazer esse doce tão nacional, que sempre é pulverizado com canela e açúcar.

Outro prato da região do Magreb, totalmente incorporado em nosso sistema alimentar, é o cuscuz. Ele foi nacionalizado com a farinha de milho, com o açúcar, com o leite de coco, seguindo a mesma tecnologia culinária tradicional do Magreb, de cozinhar no vapor da água quente em cuscuzeiras. Há também o cuscuz salgado, que pode ser acompanhado de rabada, de carne guisada e de tudo mais que dê "sustança" e alimente. O cuscuz se come pela manhã, simples, puro. É a primeira refeição de muitos brasileiros que necessitam de força física para trabalhar. São os trabalhadores dos mercados, das feiras, da agricultura, de tantos outros ofícios.

O cuscuz é quase um bolo – como aquele bolo doce, também apreciado na primeira refeição do dia, o mais básico e por isso muito popular. É o bolo de farinha de trigo, ovos, fermento, leite de gado vacum, e, principalmente, é marcado pela "mão de cozinha".

A "mão de cozinha" é um misto de técnica culinária e vocação.

Aliás, especialmente para o doce, louvam-se essas habilidades de se ter a "mão de cozinha", uma qualidade unida ao melhor desejo, à melhor técnica, à emoção, à invenção, para se fazer o melhor tempero, para se fazer o melhor doce.

O doce no Brasil mostra um processo que inicialmente está nas cozinhas dos engenhos do Nordeste. Pode-se dizer que é um processo inaugural para o doce cotidiano e para o doce que é símbolo e expressão de uma festa. Faz parte de rituais familiares e comunitários. O doce revela matrizes étnicas e regionais, integra fé religiosa, traz civilizações. Mostra uma estética própria, pois estão no doce gosto, na imagem, na cor, na textura, no odor, na forma e em tudo o que prepara a boca para receber o açúcar.

– Pois adoçar também é preciso!

Nesse cenário, destaco o doce dos antigos engenhos como representante regional que retrata os estilos de fazer doce nas cozinhas senhoriais, um território privilegiado das mulheres lusitanas, mas também das africanas. Essas mulheres trazem as memórias da doçaria conventual-medieval portuguesa.

Essa cozinha tem identidade local na invenção e na adaptação dos produtos, que eram os ingredientes nativos – da terra, tropicais, regionais –, com destaque para as frutas.

As frutas "da terra" são muitas, e são especialmente doces quando maduras. São coloridas, têm estética tropical; há também as frutas orientais, introduzidas no Brasil pelo colono português.

Boiões de abacaxi, laranja, cidra, limão e tangerina; grumixama, urumbeba, marmelo e damasco; figo, ginja, pera e pêssego. Que se unem a mangaba, a pitanga e a tamarindo, formando nova mistura de sabores, uma mistura de povos e de culturas.

Tudo é celebrado na calda de açúcar, no ponto ideal para se conquistar a identidade de cada doce.

– Pois criar caldas também é preciso.

A proximidade dos engenhos e a longa prática luso--magrebina fazem a cozinha doce nordestina dialogar com os produtos "da terra".

Já a doçaria do Centro-Sul brasileiro é formada por estilos – mineiro, paulista e fluminense –, com o aproveitamento das frutas "da terra".

São receitas de bolos de milho, broas, biscoitos, angu doce, doce de abóbora com coco, doce de mamão, doce de casca de laranja, pudins, canjica, pamonhas, balas puxas, doces cristalizados e tantas outras "orgias de açúcar".

Destaque para a mistura do queijo com goiabada, com pessegada, com doce de leite cremoso, com o melado grosso, que é também misturado à farinha seca de mandioca.

Tortas, doces folhados, cremes, pães confeitados, roscas, churros, rabanadas: receitas de um mundo imigrante, que busca sempre adoçar as mesas e as relações sociais.

São italianos, sírio-libaneses, alemães, poloneses, espanhóis e japoneses, entre muitos outros povos. São os de tradição judaica, que se uniram para interpretar os ingredientes "da terra" e preservar suas receitas memoriais. A melhor expressão de pertencimento a uma história e a uma tradição vai se dar à mesa.

Tudo nascia nas fábricas – engenhos de fazer açúcar e seus produtos. Eram ofertas para a criação das doceiras, das cozinheiras, dos confeiteiros, dos padeiros, que viviam também as suas receitas familiares, íntimas, da casa, verdadeiros segredos desse mundo doce de uma cozinha artesanal.

As ofertas de mel de engenho, de rapadura, de açúcar demerara, de açúcar clarificado, determinavam os estilos de fazer doce, afirmavam a marca açucareira e o destino de uma "mesa gorda", barrocamente contemporânea e, assim, brasileira.

Sem dúvida, cria-se uma doçaria identitária brasileira. Essa doçaria mostra a própria história de ocupação colonial, como a mesa portuguesa foi permanentemente reinventada e muitas vezes ainda recuperada nas suas memórias lusitanas. A memória é uma ação da tradição, e aqui é vista na sua melhor compreensão de transmissão, de experimentação. A cozinha é um lugar essencialmente experimental, memorial, onde estão os mais notáveis símbolos de alteridade.

Tão marcante é o açúcar para Pernambuco, que por muito tempo dizia-se "açúcar de Pernambuco", como referência ao açúcar da cana sacarina. Como ainda se chama de "queijo do reino" o queijo de formato esférico e casca vermelha ou de "farinha do reino" a farinha de trigo.

Unir o açúcar ao Nordeste é unir a tradição de fazer doces, muitos doces, doces dulcíssimos. Por exemplo, o marcante "doce de banana de rodelinha", delicioso e exageradamente doce.

> [...] A cozinha era um misto de comida francesa e portuguesa. Após a sopa, passou à roda uma travessa de carne magra cozida, fatias de carne de porco gorda e salgada e linguiças [...] A sobremesa foi servida em outra mesa. Além de nossas sobremesas europeias de frutas, bolos e vinhos, havia todos os pudins, pastelões e tortas. [...] ha-

via uma profusão de confeitos de açúcar de todas as qualidades. (Graham, 1956, p. 123.)

O gosto pela sobremesa, pelo doce, é um processo de civilização que forma e cria hábitos alimentares e atribui ao doce valores nutricionais.

Pois o povo brasileiro gosta de açúcar. E por isso faz muito doce.

O doce adoça a boca e o espírito e identifica um povo que nasceu a partir do caldo de cana e dos diferentes processos de fazer caldas, bolos, tortas, passa de frutas; que valoriza o que é doce, muito além da sobremesa; que tem intimidade com receitas, com estilos e com marcas autorais de fazer doce.

A comida doce é fundamental. É tão comida quanto o feijão, o angu, a carne, o peixe, a ave, o pirão...

Doce como um destaque nos cardápios, uma habilidade culinária de muito valor nessa compreensão do que se come e, em particular, do que representa o doce para a mesa brasileira.

É comum tomar um copo de caldo de cana acompanhado de pão doce como uma refeição que alimenta e, principalmente, dá prazer.

Nossa relação com o doce é de alimento, de comida, de valor, de identidade e também de guloseima. É a transgressão da ditadura das comidas *light* e *diet*, que orientam as sociedades globalizadas – leia-se sociedades crescentemente "obesas".

O *Vocabulário do açúcar* traz esses vários temas da fantástica história da cana sacarina, que é a história do nosso povo.

Traz também uma trajetória de receitas que atestam o mundo e as relações entre o Ocidente e o Oriente, numa globalização a partir do século XVI, com as grandes navegações, com as experiências vividas pelo homem português nos mercados de especiarias e com as profundas relações com o continente africano. Esse homem português é muitas vezes mais africano. Contudo, é oficialmente considerado cristão. Tropicaliza suas múltiplas relações sociais nas terras gordas do massapê, terras para plantar cana sacarina.

O vocabulário busca reunir muitos conteúdos e principalmente oferecer pistas que relacionem a diversidade e a pluralidade cultural que, de fato, erigiram a civilização do açúcar como inaugural da nossa história e que constroem a identidade e a singularidade do povo brasileiro e de sua comida.

Ele contextualiza o açúcar e o doce, trazendo informações complementares da doçaria conventual portuguesa, de alguns estilos da confeitaria clássica francesa, do doce tradicional e popular, e do doce de engenho, revelando muitas criações regionais.

Trazer o doce é recuperar as receitas matriciais e ancestrais. É também recuperar a valorização da mandioca, do milho e de outros sabores nativos.

O *Vocabulário do açúcar* é um rico repertório da cultura do açúcar e do crescente valor que se dá à comida, em âmbito nacional e internacional, como acervo e patrimônio de povos e civilizações. É um vigoroso testemunho da vida nacional, da saga da cana sacarina e de tudo que é doce com base nessa espécie exótica que se tornou tão brasileira.

> A verdade é que não só de espírito vive o homem: vive também de pão – inclusive do pão de ló, do pão doce, do bolo que é ainda pão. (Gilberto Freyre, 1976.)

Recorre-se às receitas, aos cadernos de receitas, a alguns ancestrais e aos fundadores de estilos e de tendências de preparar comida, inclusive os doces. Trago o tão celebrado *Livro de cozinha* da infanta de Portugal e duquesa de Parma e Piacenza, d. Maria de Guimarães (1538-1577), que celebra entre tantas receitas os primeiros conceitos culinários de se fazer "manjar", um doce tão ao gosto do brasileiro, que ganha nas nossas receitas, já nacionais, o coco: é o manjar branco, o manjar de coco.

Certamente, o melhor aprendizado do doce dá-se na transmissão da receita vivida, orientada por uma doceira, culinarista, que faz do seu ofício o melhor ritual do bem comer.

No século XIX, Antonin Carême, o grande ancestral dos doceiros e dos confeiteiros, já celebrava e encontrava no açúcar os princípios da técnica aliados ao sentimento e à expressão da arte. Ele associava a confeitaria às belas-artes – pintura, escultura, poesia, música e arquitetura.

Tão arte e tão do melhor sabor são as nossas receitas de doces. Essa arte está nos rituais de fazer os doces nos tabuleiros das baianas, nas bancas dos mercados, nas feiras, nas nossas casas ou sob a orientação dos *chefs*, antes de tudo cozinheiros. Pois, a obtenção do "ponto", do melhor sabor, só se dará com a experiência e o desejo de gostar do doce.

Verdadeiramente, agora meu desejo é o de comer uma generosa fatia de bolo. Do bolo mais simples. De farinha de trigo, ovos, fermento e açúcar. E de regá-lo com uma generosa dose de vinho do Porto. Ou recorrer a um doce de banana "de rodelinha", desses bem doces, exageradamente doces. Para então, somente assim, viver um pouco mais essa civilização que nos representa como povo e indivíduo.

– E que tal uma colher de açúcar?

VOCABULÁRIO DO AÇÚCAR

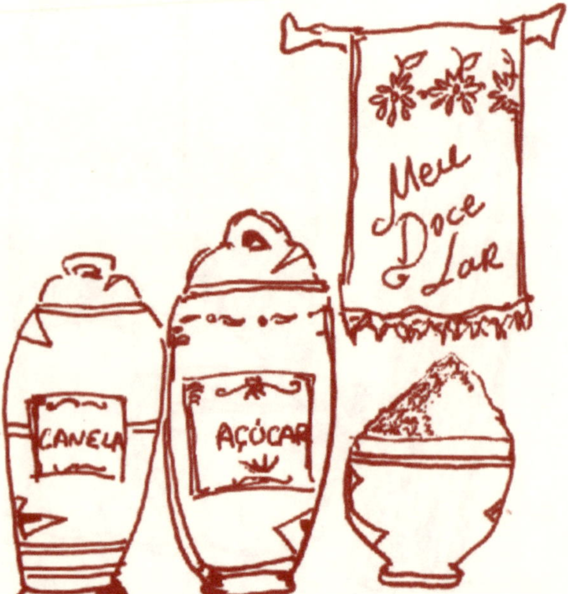
Meu
Doce
Lar
CANELA
AÇÚCAR

a

ABACAXI PICO DE ROSA Tipo de abacaxi.

ABESANA Os bois usados para mover as moendas nos engenhos de açúcar.

ABÓBORA Fruto da espécie das cucurbitáceas; há mais de cem variedades de abóbora; presente na cozinha tradicional e na doçaria, em especial com coco, como fruta cristalizada ou em calda, entre outras modalidades.

ACAÇÁ DE LEITE Massa de farinha de milho branco ou de arroz, temperada com leite de coco, açúcar, cravo e canela, envolvida em folha de bananeira e desse modo é cozida.

ACARAMELADO O mesmo que "ponto de caramelo"; é também cobertura para diferentes doces.

ACEIRO Terreno desbastado de vegetação no entorno das matas dos engenhos de açúcar; área de proteção para os canaviais.

ACEPIPE Iguaria, doce delicado, doce fino.

ACETOMEL Mistura feita de vinagre e mel de engenho.

ACROSE Qualidade da cana-de-açúcar criada geneticamente.

AÇÚCAR[1] Hidrato de carbono (sacarose) sólido e cristalizado.

AÇÚCAR[2] Do árabe *as-sukkar*.

AÇÚCAR[3] O mesmo que Brasil, nos séculos XVI e XVII.

AÇÚCAR[4] O mesmo que Pernambuco, nos séculos XVI e XVII.

AÇÚCAR[5] Título de obra de Gilberto Freyre publicada em 1939 (Freyre, 2007).

AÇUCARADO Com açúcar, com muito açúcar.

AÇÚCAR AMORFO Açúcar produzido pelas técnicas de refinação.

AÇUCARAR Processo de transformação do mel de engenho em açúcar cristal; também é um processo de elaboração das caldas de açúcar na doçaria.

AÇÚCAR AREADO Açúcar refinado, muito fino.

AÇÚCAR BATIDO Açúcar produzido pelo reaproveitamento do mel de furo ou mel de engenho.

AÇÚCAR BRANCO Açúcar obtido pelo processo da cristalização e clareado por diferentes processos químicos e orgânicos.

AÇÚCAR BRANCO BATIDO Açúcar produzido pelo mel de furo; indicado para uso industrial.

AÇÚCAR BROMA Ver *açúcar mascavo*.

AÇÚCAR BRUTO[1] Açúcar que não foi purgado, considerado de qualidade inferior.

AÇÚCAR BRUTO[2] Ver *açúcar mascavo*.

AÇÚCAR-CANDE Açúcar refinado e cristalizado, destinado ao uso terapêutico e culinário.

AÇÚCAR CARAMELO Açúcar de massa porosa, escura, obtido pela técnica de "massa fundida"; açúcar fundido.

AÇÚCAR COLORIDO Açúcar, geralmente o cristal, tinturado por corantes naturais ou industriais; usado em confeitaria.

AÇÚCAR COMPOSTO Açúcar mascavo.

AÇÚCAR CRISTAL Açúcar granulado, cujo aspecto lembra cristais; tem 99% de sacarose e sais de cal, além de outras substâncias que levam à cristalização; usual na confeitaria e nos chamados "docinhos de festa".

AÇÚCAR DA MADEIRA Açúcar proveniente dos engenhos da ilha da Madeira.

AÇÚCAR DE AREIA Açúcar muito fino; também chamado de "açúcar da Índia".

AÇÚCAR DE BOTICA Ver *açúcar-cande*.

AÇÚCAR DE CANA Açúcar produzido com base na cana sacarina.

AÇÚCAR DE CONFEITEIRO Açúcar muito branco e fino; usual em confeitaria.

AÇÚCAR DE DUAS COZEDURAS Açúcar fino e branco, obtido pela técnica de duas cozeduras.

AÇÚCAR DE MEL Açúcar produzido com o mel obtido pela técnica de "purga".

AÇÚCAR DE MERCADO Ver *açúcar mascavo*.

AÇÚCAR DE MESA PURO Açúcar refinado, usual nos serviços de açucareiro[2].

AÇÚCAR DE MILHO Ver *dextrose*.

AÇÚCAR DE NATA Açúcar obtido na "terceira escuma", que é batida e cristalizada.

AÇÚCAR DE NEGRO Ver *açúcar mascavo*.

AÇÚCAR DE PANELA Açúcar que recebeu vários cozimentos com o mel de furo; comercializado em panelas.

AÇÚCAR DE PEDRA Açúcar muito refinado que endurece e se torna muito branco.

AÇÚCAR DE PERNAMBUCO Qualificação para o açúcar de cana sacarina produzido em Pernambuco; no mundo dos séculos XVI, XVII e XVIII, o bom açúcar procedia do Nordeste brasileiro.

AÇÚCAR DE RASPA Rapadura raspada para diferentes usos culinários; utilizado para adoçar café e sucos de frutas, entre outros.

AÇÚCAR DE SINO Açúcar branco feito nos antigos engenhos do Nordeste, que utilizavam fôrmas que lembram sinos.

AÇÚCAR DO MEDITERRÂNEO Açúcar procedente da Sicília e de outros locais da região mediterrânea, a partir do século X.

AÇUCAREIRO[1] Fabricante e exportador de açúcar.

AÇUCAREIRO[2] Utensílio para guardar e levar o açúcar à mesa; são muitos e variados os tipos de açucareiros, de prata, louça, porcelana, vidro, barro e até de ouro; destacam-se os do tipo "borrão", de Macau, na China.

AÇÚCAR ESPECIARIA Com a canela, o cravo, as pimentas, a noz-moscada, o açúcar chegava às mesas como uma especiaria; por exemplo, na receita de galinha mourisca, que levava grande quantidade de açúcar e de canela, segundo referência do *Livro de cozinha da infanta d. Maria* (Manupella, 1987), do século XVI, em Portugal.

AÇÚCAR FINO Açúcar branco; açúcar de mesa; açúcar de confeiteiro; é uma qualidade visual e estética.

AÇÚCAR GRANULADO Ver *açúcar cristal*.

AÇUCARINO Referente ao açúcar, ao que é doce.

AÇÚCAR LOURO Açúcar que não adquire a cor branca durante o refinamento.

AÇÚCAR MACHO[1] Açúcar purgado e retirado da parte superior das fôrmas.

AÇÚCAR MACHO[2] Ver *açúcar branco batido*.

AÇÚCAR MASCAVO Açúcar não refinado, de cor escura, semelhante à do caldo de cana; caracteriza-se por apresentar resíduos de mel de engenho.

AÇÚCAR MOEDA O açúcar, em meados do século XVII, tornou-se equivalente à moeda e valeria mil réis por 15 quilos, ou por uma arroba de açúcar branco, no Brasil.

AÇÚCAR NATURAL Ver *açúcar mascavo*.

AÇUCAROCRACIA Poder que nasce e se projeta nas relações sociais com base na economia açucareira; poder econômico que vem do açúcar.

AÇÚCAR ORGÂNICO Açúcar de grandes cristais, sem aditivos químicos, com sabor frutado de cana sacarina.

AÇÚCAR REDONDO Açúcar não totalmente branco ou alvo; é aquele que está entre o açúcar branco batido e o açúcar mascavo.

AÇÚCAR REFINADO Açúcar branco, fino; é considerado "puro" por ser processado pelas técnicas de "cozeduras" e de "purga".

AÇÚCAR ROSADO Açúcar de uso medicinal; adquire cor rósea pelo emprego de corante natural (rosas provenientes de Alexandria, no Egito); tipo de açúcar de botica na Idade Média.

AÇÚCAR SUMENE Açúcar moreno.

AÇÚCAR VANILA Açúcar aromatizado com baunilha.

ADOÇADO Que recebeu açúcar.

ADOÇANTE Produto feito com edulcorantes, substâncias que produzem o sabor doce.

ADOCICADO Não totalmente doce.

ADUBO Enchimento; recheio; massa.

AGITADOR Ver *concha*.

AGOMAR Germinar, brotar (a cana-de-açúcar).

A GOSTO Quantidade subjetiva de tempero, pimenta, sal ou mesmo açúcar; por exemplo, pulverizar a gosto açúcar com canela sobre a rabanada ou sobre o pastel de festa, que, depois de frito, recebe essa mistura.

AGROAÇUCAREIRA Referente à cultura e industrialização da cana-de-açúcar.

AGROINDÚSTRIA DO AÇÚCAR Ver *usina*.

AGRÔNOMO-CANAVIEIRO Especialista na cultura da cana-de-açúcar.

A GROSSO Refere-se à forma de venda de diferentes produtos no varejo, geralmente aqueles oferecidos nas feiras e nos mercados, em sacos ou em caixas de madeira; por exemplo, feijão, farinha, milho, amendoim, arroz, açúcar.

ÁGUA COM SABOR Ver *ponche*[1].

ÁGUA DE CANA Cachaça.

ÁGUA DE FLOR Água aromatizada com o emprego de flores ou de essências naturais.

ÁGUA DE FLOR DE LARANJEIRA Aromatizante identificado pelo odor da flor de laranjeira, de uso culinário na doçaria tradicional ibérica, brasileira e do Magreb.

ÁGUA DE ROSAS Aromatizante identificado pelo odor de rosas, de uso culinário na doçaria ibérica, brasileira e do Magreb.

ÁGUA E AÇÚCAR Bebida usual; calmante popular; forma de refresco.

ÁGUA QUE PASSARINHO NÃO BEBE Cachaça.

AIPIM Ver *macaxeira*.

AJUDA Na produção de açúcar, ato de adicionar cal ou outra substância alcalina ao caldo de cana, que possibilita a formação de sais insolúveis junto aos ácidos do caldo.

À LA FRANÇAISE Em estilo, forma de se servir à mesa; estética que traz o imaginário do século XIX, época de consolidação da cozinha francesa, e orienta também a doçaria, a confeitaria e a sobremesa.

ALAMBIQUE Equipamento, geralmente de cobre, para destilar o caldo de cana sacarina e produzir cachaça; é formado por cucurbita (caldeira), capitel e serpentina.

ALAMORE Tipo de ponto de açúcar; calda de açúcar.

ALBARÃ Tipo de cana-de-açúcar.

ALBERT ECKHOUT (1610-1665) Botânico e pintor, contemporâneo de Frans Post e integrante do grupo de artistas e intelectuais que Maurício de Nassau trouxe para o Brasil; documentou o Recife, chamado à época de Mauriststad; destacam-se os registros que fez de frutas tropicais, em especial o maracujá, o caju, o abacaxi, o coco e a pitomba.

ALÇAPREMA[1] Moenda manual da ilha da Madeira.

ALÇAPREMA[2] Engenho manual de fazer açúcar, no século XV.

ALCATIRA Espécie vegetal que produz uma goma branca e viscosa; o mesmo que tragacanto.

ÁLCOOL Designação geral de substâncias orgânicas com grupamento hidroxila integrado a um radical alifático; geralmente, o álcool começa a se produzir no melaço, material derivado da fabricação do açúcar.

ALCORCE Pasta, massa para cobrir os doces, feita de leite, amêndoas e açúcar, usada para modelar figuras de forma artesanal, como os alfenins; glacê; cobertura de amêndoas.

ALFÉLOA Massa de açúcar para o artesanato de doces.

ALFELOEIRO Fabricante de diferentes doces; refere-se também a alféloa.

ALFENIM[1] Do árabe *al-fãnid*, "espécie de bolo feito com amêndoas"; alude à tradicional massa branca de açúcar e complementos de amêndoas e sumos de frutas, entre outros; com a massa ainda quente, são modeladas, de maneira artesanal, diferentes figuras.

ALFENIM[2] Ver *rapadura batida*.

ALFENIM DE COCO Alfenim acrescido de leite de coco.

ALFENINHO Ver *alfenim*[1].

ALGUIDAR Utensílio em formato cônico, de barro, geralmente vidrado ou vitrificado, utilizado nas cozinhas para fazer massa de bolo e outros doces.

ALICANTE Ver *passa*.

ALMANJARRA Tipo tradicional de engenho movido a tração animal.

ALMOCREVE Trabalhador do engenho encarregado de conduzir os animais que transportam o açúcar.

ALMOFARIZ Pilão feito de metal, porcelana, pedra ou madeira; tem diferentes formatos e tamanhos; utilizado para "pilar", amassar, triturar ou processar diferentes ingredientes e materiais; aquilo que é processado artesanalmente no almofariz adquire qualidade, textura e características culinárias especiais.

ALPERCHE Referente ao pêssego e ao damasco.

ALUÁ¹ Doce feito de arroz ou de coco ralado.

ALUÁ² Bebida artesanal, refresco feito de rapadura, milho, gengibre e água.

AMANTEIGADO Designa o uso marcante de manteiga nas receitas de biscoitos, tortas e bolachas, entre outras iguarias.

AMASSAR Trabalhar, elaborar a massa.

AMÊNDOA (*Prunus dulcis* ou *Amygdalus communis*) Ingrediente tradicional na doçaria ibérica e do Magreb; integra as receitas conventuais que tanto marcaram a doçaria brasileira.

AMÊNDOA CONFEITADA É a amêndoa recoberta por camadas de açúcar.

AMENDOIM (*Arachis hypogaea*) Importante ingrediente da nossa doçaria que, com a castanha-de-caju, compõe muitas receitas: amendoins em farinha com açúcar, resultando em um tipo de "paçoca"; paçoca doce.

AMENDOIM COM COCO Doce em pasta ou em "tijolo"; onde são misturados o coco e o amendoim.

AMIDO Polissacarídeo composto de moléculas de glicose, proveniente de raízes e de grãos; há amidos puros, como é o caso da maisena, e impuros, como a farinha de trigo; ingrediente usual na padaria, na confeitaria e na doçaria em geral.

AMORENADO Ver *açúcar mascavo*.

AMORZINHOS DE NOVIÇA Doce conventual português feito de amêndoas, ovos, açúcar e canela, servido em forminhas de papel frisado.

AMULATADO Ver *açúcar mascavo*.

ANÁLISE FOLIAR Busca por informações, em laboratório, referentes ao desenvolvimento de uma espécie botânica.

ANANÁS Bromeliácea; fruta da família do abacaxi.

ANDAINA Tábua de madeira com orifícios usada para encaixe das fôrmas de açúcar na casa de purgar.

ANIS-DOCE Ver *funcho*.

APOLVILHAR Pulverizar com açúcar fino; pulverizar açúcar fino e canela sobre bolos e outros doces; por exemplo, rabanadas, depois da fritura, são apolvilhadas com açúcar e canela.

APONOM Doce feito de coco verde, farinha de trigo, cravo e açúcar; tipo de cocada tradicional; doce de tabuleiro que integrava os "ganhos", ou vendas ambulantes de comidas.

APURAR Ato de purificar o caldo de cana.

ARAÇÁ Mirtácea, do gênero *Psidium*; dessa fruta faz-se doce em calda, geleia e sorvete.

ARAÇÃO Preparação da terra para o plantio.

ARANHA DE COCO Cocada em tiras de coco verde.

ARARUTA (*Maranta arundinacea*) Desse vegetal extrai-se um tipo de amido que é empregado na fabricação de biscoitos, mingaus, cremes, molhos e recheios.

ARATICUM (*Annona crassiflora*) Fruta nativa do Brasil semelhante à fruta-do-conde.

ARIMBÁ Utensílio de barro vitrificado usado para guardar doces em calda.

ARISTOCRACIA AÇUCAREIRA Formada pelos senhores de engenho e suas famílias e fundada em uma sociedade escravocrata, sócia da Igreja, representante do reino e comerciante de açúcar.

ARMAR FORNALHA Acender o fogo na fornalha do engenho de açúcar.

AROMATIZANTE Ver *água de flor*.

AROMATIZANTE FLAVORIZANTE Substância, natural ou sintética, que dá cheiro e gosto; por exemplo, o butanoato de pentila proporciona aroma e sabor de abricó.

ARRAIS Condutor do barco que transporta cana-de-açúcar.

ARRÁTEL Medida em torno de 460 gramas.

ARROBA[1] Cerca de 30 arráteis.

ARROBA[2] Equivalente a 16 quilos.

ARROZ DE LEITE: Ver *arroz-doce*.

ARROZ-DOCE Receita tradicional da região do Magreb, no norte da África, conhecida como *ruz bi halib*, feita com leite de amêndoas, às vezes integrada por flores cristalizadas; o nosso arroz-doce – já nacionalizado, feito de arroz, leite de gado vacum acrescido de leite de coco e, segundo algumas receitas, cascas de limão e gemas de ovos – é pulverizado com canela.

ARTE BENEDITINA Referente à doçaria conventual portuguesa, que fundamenta muitas das receitas luso-brasileiras; refere-se ainda ao artesanato de recortes de papel fino para compor a estética de diferentes doces.

ARTE DE COZINHA[1] Primeiro livro de receitas impresso em Portugal em 1680, de Domingos Rodrigues, com destaque para as formulações de vários doces.

ARTE DE COZINHA[2] Conjunto de conhecimentos culinários, habilidades e tendências pessoais e autorais para a realização de receitas de iguarias.

ARTE DE FESTA Trabalhos artesanais em diferentes tipos de papel que servem para embalar, de maneira especial, os doces e assumem valores simbólicos no imaginário e na compreensão estética dessas iguarias.

ARTESANATO DE AÇÚCAR Artesanato feito com massa de açúcar para se criar alfenins; criação das muitas e diferentes iguarias chamadas "docinhos de festa"; confeitaria.

ASPARTAME Adoçante produzido com aminoácidos.

ASSADOR Utensílio para assar; tabuleiro; bacia.

ASSOPRADO O mesmo que "bolinho".

ATAFONA[1] Moinho manual; moenda manual para fazer caldo de cana.

ATAFONA[2] Engenho movido a tração animal.

AVENTADOR Peça de madeira usada para receber o açúcar das fôrmas.

AZENHA Ver *atafona*[2].

BABA DE MOÇA[1] Doce cremoso; é uma calda grossa feita de gemas de ovos, leite de coco e açúcar; geralmente acompanha outros doces, como, por exemplo, o manjar branco.

BABA DE MOÇA[2] Doce artesanal feito de polpa de coco verde, em calda; provavelmente, receita de base indiana, que lembra o sabongo (ou sambongo), ancestral do nosso doce de coco.

BABA DE RAPADURA Comida tradicional dos moradores dos engenhos de açúcar.

BACIA Utensílio doméstico, tradicionalmente de folha metálica, que funciona como assadeira.

BACURI (*Platonia esculenta*) Fruta da Amazônia utilizada para fazer geleias, bolos, tortas, sorvetes e outros doces.

BAGACEIRA Lugar nos engenhos para se botar o bagaço da cana-de-açúcar.

BAGAÇO Resíduo da cana-de-açúcar moída, cuja reciclagem resulta em vários materiais, como, por exemplo, celulose, plástico, álcool e placas isolantes.

BAGO Fruto carnudo sem caroço ou com semente muito pequena; por exemplo, a uva.

BALANCEIRO Encarregado, no engenho, pela pesagem da cana-de-açúcar.

BALA CASEIRA Ver *rebuçado*.

BALEEIRA Tipo de cana-de-açúcar.

BALIO Senhor de engenho.

BALUDO Senhor de engenho.

BANANADA Doce de banana em barra, também conhecido como doce de massa, feito de bananas maduras amassadas e misturadas com uma calda de açúcar.

BANANA FRITA Geralmente cortadas em tiras verticais, as bananas são fritas em óleo ou azeite de dendê e secas no papel; depois, são pulverizadas com açúcar e canela.

BANDEIRA Flor da cana-de-açúcar.

BANDEJA DE CHÁ Uma reunião de doces para acompanhar o chá; é o mesmo que quitanda (como é conhecida em Minas Gerais), que é organizada com biscoitos, pães, sequilhos, bolos; também chamada de "bandeja de doces".

BANGUÊ¹ Utensílio para transportar o bagaço de cana-de-açúcar nos engenhos; geralmente feito de madeira e fibras naturais trançadas.

BANGUÊ² Reunião de fornalhas (tachas) onde se faz o açúcar de banguê.

BANGUÊ³ Engenho de rapadura.

BANGUEIRO¹ O que prepara a garapa de cana no engenho de rapadura.

BANGUEIRO² Trabalhador do engenho de rapadura.

BANGUEIRO³ Função ou trabalho que substitui o mestre de açúcar e o mestre de rapadura.

BANQUETE DE ENGENHO Os senhores de engenho, segundo Cardim, dedicavam-se todos os dia aos rituais dos grandes banquetes, a comer e a beber muito vinho português; ainda segundo o mesmo autor, em Pernambuco havia mais "vaidade" que em Lisboa. Também há registros de toalhas de renda, porcelanas da Índia, serviços de prata. Nesses banquetes, eram servidos vários pratos de carne; por isso, esses cardápios eram chamados de "comidas luxuosas". Destacavam-se também os cardápios de doces: confeitos, frutas em conserva e doces feitos de ovos e açúcar, lembranças de receitas conventuais de Portugal.

BARÃO DE ALBUQUERQUE Título imperial para a nobreza açucareira de Pernambuco.

BARÃO DE ARAGAGY Título imperial para a nobreza açucareira de Pernambuco.

BARÃO DE ARARIPE Título imperial para a nobreza açucareira de Pernambuco.

BARÃO DE GOYANNA Título imperial para a nobreza açucareira de Pernambuco.

BARRO MASSAPÊ Ver *massapê*.

BARRO VERMELHO Terra considerada de boa qualidade para o plantio da cana-de-açúcar.

BATATADA Doce em massa feita de batata, em geral batata-doce ou batata-roxa.

BATATA-DOCE Da família das convolvuláceas, presente em diferentes cardápios e, em especial, nas receitas de doce.

BATE-BATE Bebida feita de cachaça e frutas, especialmente tropicais (caju, pitanga, maracujá, coco, etc.), à qual se acrescenta muito açúcar.

BATEDEIRA Utensílio semelhante à escumadeira, porém sem orifícios, usado para bater o melado.

BATEDOR DE OVOS Batedor feito artesanalmente de arame; *fouet* ("chicote") ou batedor elétrico.

BATER EM CREME Referente à mistura uniforme de gordura e açúcar; prevalece a manteiga como gordura, e acrescentam-se ovos; é a base para muitos bolos e tortas.

BATIDA[1] Rapadura acrescida de cachaça, limão, açúcar ou erva-doce, entre outros ingredientes; rapadura temperada.

BATIDA[2] Ver *bate-bate*.

BAUNILHA (*Vanilla planifolia*) Utilizada na forma de fava ou como essência para aromatizar doces e bebidas.

BAZULAQUE Doce feito de coco ralado e mel de engenho.

BEIJO Doce feito de leite de gado vacum, açúcar, coco e gemas de ovos; está pronto ao adquirir o "ponto forte", uma pasta flexível; com a massa, são feitas bolinhas que depois são pulverizadas com açúcar cristal e embrulhadas em papel fino (papel de seda), com detalhes artesanalmente recortados.

BEIJOS DE CABOCLA Doce feito de coco, calda de açúcar em ponto de fio, manteiga, farinha de trigo e ovos; a massa é colocada em forminhas para assar.

BEILHÓS Ver *filhós*.

BEM-CASADOS Docinhos tradicionalmente servidos em casamentos, feitos de pão de ló recheado com doce de leite.

BÊNÇÃO DA MOENDA No início do processo de moagem, o padre realiza a bênção da moenda, geralmente aspergindo-a com água benta.

BENTINHOS De base religiosa católica, são pequenos objetos sacralizados, os quais se unem a imaginários arcaicos que remetem aos rituais agrícolas, usados para proteger e proporcionar boas colheitas.

BICHINHA Pequeno bolo feito de farinha de trigo, ovos e açúcar.

BICO Ver *papel rendilhado*.

BIMBARRA Grande recipiente para transportar cachaça.

BIRI Termo genérico para a cana-de-açúcar silvestre.

BISCOITINHO DE MILHO Feito de farinha de milho, farinha de trigo, manteiga, açúcar, ovos e erva-doce.

BISCOITO DE COCO Feito de farinha de trigo, ovos, açúcar, leite de coco, canela e fermento.

BOCADOS Designação geral para doces.

BOI CARREIRO Boi que puxa carro.

BOI MUCAMBEIRO Boi condutor de carro; tipo de serviço exclusivo no engenho de açúcar.

BOI[1] Função de escravo que conduzia o pálio (guarda-sol) e acompanhava o senhor de engenho (séculos XVI e XVII).

BOI[2] Personagem, "figura" que representa o mito do boi no auto e na dança dramática do bumba meu boi, manifestação tradicional da área dos engenhos.

BOIÕES Recipientes para conter doces.

BOLACHA Biscoito achatado feito com diferentes farinhas – por exemplo, de milho e de trigo – e temperado com erva-doce, entre outras especiarias.

BOLACHA COCÃO Ver *bolacha praieira*.

BOLACHA PRAIEIRA Bolacha tradicional pernambucana feita de farinha de trigo e coco.

BOLANDEIRA[1] Roda de madeira dentada de grande proporção que movimenta as pedras de moer (mós) nos engenhos.

BOLANDEIRA[2] Roda utilizada na posição horizontal para o funcionamento do engenho hidráulico.

BOLEIRA[1] Prato redondo com pé, de diferentes materiais (cerâmica, vidro, cristal ou prata), para exibir e servir bolos, tortas e outros doces.

BOLEIRA² Culinarista especialista na arte de fazer bolos, em geral bolos especiais, como, por exemplo, de noiva, bolo Souza Leão, bolo pé de moleque, bolo de macaxeira, entre outros.

BOLHELHO Bolinho feito de farinha de trigo, leite de coco, leite de gado vacum e ovos.

BOLINHO DE ESTUDANTE Doce feito de tapioca, coco, açúcar e canela; integra o tradicional tabuleiro da baiana de acarajé.

BOLINHO DE GOMA Feito de goma seca de mandioca, leite de coco, manteiga e ovos.

BOLINHO DE IAIÁ Feito de farinha de trigo, açúcar, manteiga, ovos e leite de coco; o tratamento "iaiá" era dado às mulheres brancas nos engenhos de açúcar, especialmente às da família do senhor de engenho; notar ainda que, em iorubá, *iya* quer dizer "mãe e mulher".

BOLINHO DE MILHO SECO Feito de farinha de milho, erva-doce, canela, açúcar, ovos, manteiga e farinha de trigo; nas receitas tradicionais, os bolinhos são colocados em bacias para serem levados ao forno.

BOLO 13 DE MAIO Feito de manteiga, ovos, coco ralado e farinha de trigo; receita criada para celebrar a assinatura da Lei Áurea.

BOLO BARRA BRANCA Iguaria feita de massa de mandioca, açúcar cristal e leite de coco; esse bolo tem como característica uma faixa branca.

BOLO CABANO Feito de leite de coco, ovos, açúcar e farinha de trigo.

BOLO CONFEITADO Recoberto por diferentes tipos de massas de açúcar e outros ingredientes.

BOLO DE ANIVERSÁRIO Bolo comemorativo com diferentes receitas, geralmente confeitado, podendo ser temático. Atribui-se a procedência desse doce a uma antiga tradição romana em que era oferecida, por aquele que celebrava o seu próprio nascimento, uma comida feita de trigo, leite e ovos. Nessa ocasião, os deuses eram invocados para proteger o aniversariante.

BOLO DE CAROÇO DE JACA A base da receita dessa iguaria é o aproveitamento dos caroços de jaca, com farinha de trigo, leite, ovos e açúcar.

BOLO DE CASTANHA-DE-CAJU Destaca-se na receita desse doce que as castanhas-de-caju devem ser piladas artesanalmente com açúcar, para depois serem misturadas com os demais ingredientes.

BOLO DE COCO Feito de açúcar, manteiga, farinha de trigo, ovos e leite de coco.

BOLO DE COCO SINHÁ-DONA Feito de farinha de trigo, ovos, fermento, manteiga, canela em pó e açúcar; o tratamento "sinhá-dona" era dado à mulher do senhor de engenho.

BOLO DE FRUTA-PÃO Inicia-se cozinhando a fruta-pão, originária da Indonésia e que tão bem se integrou aos nossos hábitos alimentares; a receita prescreve ainda açúcar, leite de gado vacum e manteiga.

BOLO DE MACAXEIRA Feito de macaxeira ralada e peneirada, à qual se junta leite de coco, açúcar, manteiga e sal a gosto.

BOLO DE MASSA DE MANDIOCA A mandioca é importante base alimentar regional do Nordeste e muitas vezes é a substituta da farinha de trigo; a receita dessa iguaria prescreve ainda ovos, coco, manteiga e açúcar.

BOLO DE MEL DE ENGENHO Feito de farinha de trigo, fermento, leite de gado vacum, manteiga, ovos e mel de engenho.

BOLO DE MILHO SECO Receita à base de fubá de milho, o mesmo que é utilizado para se fazer cuscuz; acrescentam-se ovos, farinha de trigo, manteiga e açúcar.

BOLO DE MILHO VERDE Feito à base de espigas de milho novas e também com espigas de milho maduras, farinha de trigo, manteiga, ovos, açúcar, sal e fermento. O milho é um cereal cujo plantio no Nordeste é ritualizado. Ele é plantado no mês de março, mês de são José, e colhido no mês de junho, mês de são João.

BOLO DE NATA Feito de nata de leite, açúcar, leite de gado vacum, fermento, ovos, farinha de trigo e manteiga.

BOLO DE NOIVA[1] Tradicional dos casamentos de Pernambuco. Feito à base de diferentes frutas secas embebidas por longo período em vinho moscatel, vinho Madeira ou vinho do Porto tinto, farinha de trigo, manteiga, açúcar e ovos. Depois de pronto, caracteriza-se por apresentar a massa úmida. É confeitado com glacê branco.

BOLO DE NOIVA[2] Tipo de bolo tradicional, ricamente confeitado com elementos alusivos ao matrimônio como flores e pombinhas de açúcar. Normalmente tem a forma arredondada e se apresenta em andares.

BOLO DE RAPADURA Feito de rapadura, frutas cristalizadas, farinha de trigo, ovos, bicarbonato e manteiga.

BOLO DE ROLO Referência e símbolo da doçaria tradicional pernambucana; é uma torta, pois possui recheio, como doce de goiaba ou de araçá; contudo, consagrou-se como "bolo"; a massa é a de pão de ló, enrolada ainda quente e depois pulverizada com açúcar de confeiteiro; tipo de rocambole.

BOLO DE ROLO PRESTÍGIO Com base na receita original do bolo de rolo, acrescenta-se chocolate à massa e ao recheio, o creme de coco para substituir o doce de goiaba.

BOLO DE SAIA O mesmo que "bolo de bacia"; uma forminha de papel plissado lembra uma saia, compondo o bolo.

BOLO DE SÃO JOÃO Comemorativo do ciclo junino, juntamente com o bolo pé de moleque, a canjica, a pamonha e outras delícias; massa de mandioca, ovos, açúcar, leite de coco e manteiga.

BOLO DE TRIGO Bolo cuja receita é a mais básica, com farinha de trigo, manteiga, açúcar, ovos e fermento.

BOLO DE UM OVO Feito com essência de baunilha, manteiga, açúcar, leite de gado vacum e um ovo; o uso de ovos, especialmente as gemas, é forte elo culinário com a doçaria portuguesa conventual, importante matriz da nossa doçaria tradicional.

BOLO DEVOCIONAL Ver *bolos de santo*.

BOLO ENGORDA-MARIDO Feito de ovos, farinha de trigo, manteiga, leite de coco, açúcar e canela em pó; o nome do bolo indica o papel social da mulher que se dedicava exclusivamente a cuidar da casa.

BOLO FORMIGUEIRO Feito de farinha de trigo, manteiga, açúcar, leite de gado vacum e chocolate granulado, que dá ao bolo a aparência de estar cheio de formigas.

BOLO MANUÊ Feito com massa de mandioca fresca, leite de coco, manteiga, açúcar, erva-doce e cravo; a massa é envolta em folha de bananeira e assada na grelha.

BOLO PÃO DE LÓ A massa, feita de açúcar, farinha de trigo e ovos, com complementos como suco de limão, laranja, etc., funciona como base para diferentes tortas, pavês e outros doces.

BOLO PÉ DE MOLEQUE Massa de mandioca, leite de coco, ovos, castanhas-de-caju, açúcar, manteiga, erva-doce, cravo e sal a gosto; tradicional das festas de junho.

BOLO PÉ DE MOLEQUE COM RAPADURA A base é a rapadura, que dá doçura e consistência e uma cor especial ao bolo; acrescentam-se amendoim e gengibre, entre outros ingredientes.

BOLO PERNA DE MOÇA Feito de massa de mandioca, ovos, leite de coco, açúcar e manteiga. É clássico e tradicional na doçaria atribuir nomes aos doces baseados no corpo humano; por exemplo, barriga de freira, olho de sogra e braço de noiva, entre outros.

BOLO SECO Tipo de bolo à base de farinha de trigo, leite e ovos.

BOLO SIMPLES Ver *bolo seco*.

BOLO SOUZA LEÃO Esse bolo recebe uma assinatura, uma autoria conforme sua procedência: bolo Souza Leão do engenho Jundiá; bolo Souza Leão do engenho Batateiras; bolo Souza Leão do engenho Noruega – todos os engenhos localizados na área canavieira de Pernambuco. A receita básica é a massa de mandioca, leite de coco, açúcar, ovos e manteiga; as diferenças se dão nas quantidades dos ingredientes e no uso da castanha-de-caju.

BOLO SOVADO Massa muito trabalhada para adquirir a consistência desejada da receita.

BOLO TIA SINHÁ Tradicional dos engenhos de açúcar; sua receita é semelhante à do bolo Souza Leão, mas sem o leite de coco.

BOLO[1] Forma arredondada feita a partir de uma massa compacta.

BOLO² Pão de açúcar; tipo de fôrma; massa de açúcar.

BOLO³ Preparado com massa batida de farinha, açúcar, ovos, gordura e fermento; essa massa pode conter frutas frescas ou cristalizadas, amêndoas, chocolate granulado, entre outros.

BOLOS DE SANTO Bolo são Bartolomeu, bolo são João, bolo santo Antônio, entre outros; esses bolos homenageiam os santos da igreja Católica e estão nos cardápios festivos.

BOLOS FAMILIARES Bolo Souza Leão; bolo Cavalcanti; bolo Fonseca Ramos; bolo dona Constância; bolo Luís Felipe.

BOLOS HISTÓRICOS Bolo 13 de Maio; bolo Guararapes; bolo republicano; bolo dom Pedro II; bolinhos legalistas.

BOM-BOCADO Doce que se aproxima do pudim tradicional feito de fruta; é um tipo de docinho de festa.

BOM-BOCADO DE AIPIM Feito de massa de aipim, manteiga, açúcar, gemas de ovos e coco ralado; a massa, nas forminhas, é polvilhada com farinha de rosca.

BOM-BOCADO DO CÉU Geralmente, na doçaria conventual, agrega-se ao doce uma qualidade divina; por exemplo, o bom-bocado do céu é um docinho celestial.

BOMBOM¹ Bala ou rebuçado que pode ter recheio de frutas e licores.

BOMBOM² Feito de massa de chocolate, pode ter diferentes recheios.

BONECA Saquinho de tecido que contém temperos – por exemplo, erva-doce, cravo, canela, noz-moscada ou baunilha, entre outros; é colocada na panela para acrescentar gosto e odor ao doce.

BORRA Parte sólida ou massa que é separada do caldo durante o processo de clarificação do açúcar.

BOTADA Início do processo da moagem da cana-de-açúcar; ritual de consagração do engenho realizado pelo padre, que se constituía em verdadeira festa no engenho, com zabumba, dança, banquete na casa-grande e farta distribuição de cachaça.

BOTICA Misto de loja, armazém e farmácia, por onde o açúcar circulava e foi amplamente comercializado na Europa da Idade Média.

BRANCO BATIDO Tipo de rapadura.

BRANQUEJAR Tornar branco; clarificar; purificar; por exemplo, branquejar o açúcar.

BREJEIRO Trabalhador do agreste nos engenhos de açúcar.

BROA Pão de milho tradicional em Portugal, que pode ser doce ou salgado; mistura-se farinha de trigo ou de centeio com farinha de milho e acrescenta-se funcho; também chamado de "broa de fubá" ou "bolo de farinha de milho".

BROCA Processo de limpar e preparar a terra para o plantio da cana-de-açúcar.

BROCADO Terreno limpo para o plantio de cana-de-açúcar.

BROINHA DE COCO Feita de coco ralado, açúcar, ovos e farinha de trigo, artesanalmente modelada com as mãos untadas de manteiga.

BROINHA DE FUBÁ DE MILHO Feita de fubá de milho, ovos, açúcar e manteiga.

BROMA Açúcar bruto.

BROTE Tipo de biscoito herdado dos holandeses; segundo a tradição oral do Recife, esse termo significa "pão", em alemão (*Brot*).

BUEIRO Chaminé ou respiradouro das fornalhas dos engenhos de açúcar.

BUMBA MEU BOI Auto e dança dramática de ocorrência nacional. No Nordeste, manifesta-se na forma de uma série de enredos agregados ao tempo das festas nos engenhos de açúcar. O boi é o personagem tema; há também os vaqueiros Mateus e Birico, assim como outros personagens com os quais se tratam temas sociais de forma crítica e cômica.

BUNDO Qualquer língua falada pelos africanos em condição escrava nos engenhos de açúcar; referente à língua bunda, dos quimbundos; integra a macrogrupo linguístico banto.

BURANHÉM Cana-de-açúcar.

BURÉ Mingau feito com milho verde e açúcar.

BURITIZADA Doce preparado com a polpa do buriti.

BUZIAR Processo de comunicação; chamar os trabalhadores do eito (campo), por meio do som de um búzio, um tipo de concha; avisar pelo búzio.

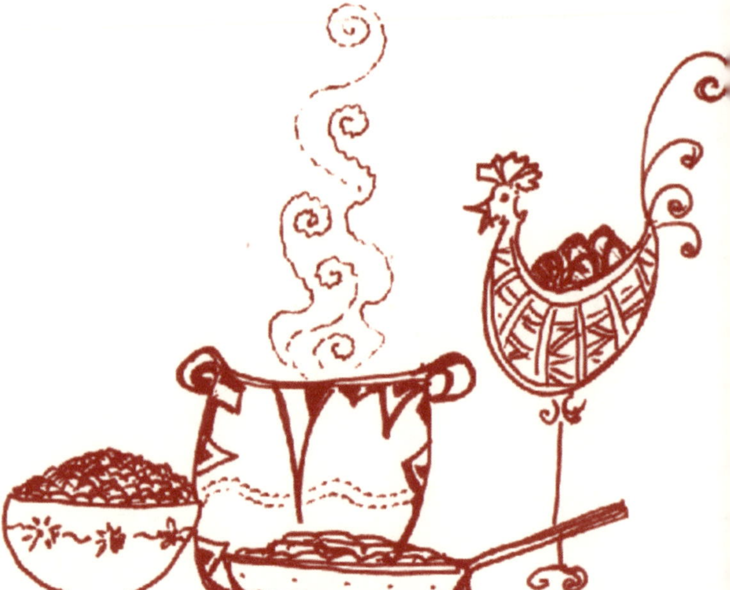

C

CABAÇA (*Lagenaria vulgaris*) Fruto da cabaceira; como meia cabaça, conhecido como cuia, serve para diferentes funções.

CABAÇUDO Trabalhador aprendiz do engenho de açúcar.

CABELO DE ANJO Ver *fios d'ovos*.

CABRA Trabalhador do engenho; designação genérica para negro, mulato, trabalhador braçal; homem que trabalha com a sua força física.

CABRA DO EITO Trabalhador do engenho de açúcar; plantador de cana-de-açúcar.

CABRALHADA Trabalhadores do eito.

CABUCHO Açúcar que fica no fundo das fôrmas; é o menos purgado; açúcar mascavo.

CAÇAMBA Utensílio feito de madeira, com alças, utilizado para o transporte do mel que sai dos tachos.

CACHAÇADA Ver *tachada*.

CACHIMBINHO DE AÇÚCAR Tipo de rebuçado feito de açúcar e corante.

CACHORRO DE ENGENHO Cachaça.

CAÇUÁ Cesto de fibras naturais com grande formato, especialmente feito de bambu, utilizado para o transporte de variados produtos.

CAFÉ DOCE Café coado e já adoçado, geralmente com rapadura.

CAFÉ TORRADO COM DOCE Técnica de torrar os grãos do café com rapadura e depois pilar tudo junto.

CAIANA Tipo de cana-de-açúcar originalmente importada da Guiana; tem grande qualidade sacarina.

CAIARÁ Tipo de cana.

CAIXA DE AÇÚCAR Embalagem de madeira para conter e transportar açúcar.

CAIXA DE ENCOMENDA Caixa de açúcar "fino" (produto especial para exportação) que comportava até 12 arrobas.

CAIXA DE RAPADURA Embalagem para tijolo de rapadura.

CAIXEIRO Vendedor.

CAIXEIRO DE ENGENHO Trabalhador que faz as caixas de madeira para embalar e transportar açúcar.

CAIXETA Caixa, geralmente feita com madeiras leves, para conter doce em pasta ou massa feito de fruta; por exemplo: no caso do doce de buriti em pasta, a caixa é feita da madeira do buritizeiro, a mais adequada para conservar o doce.

CAIXINHA DE OURO Na Idade Média e no Renascimento da Europa, um dos mais importantes presentes, para a alta nobreza e o clero, era oferecer açúcar em caixinhas de ouro, pois o grama de açúcar valia, à época, tanto quanto o grama de ouro.

CAJU (*Anarcadium occidentale*) Amplamente presente na doçaria; a castanha-de-caju substitui a amêndoa nas massas de maçapão ou marzipã; destacam-se os doces de caju, em passa e em calda.

CÁLAMO-AROMÁTICO (*Acorus calamus*) Planta utilizada como condimento e aromatizante. Todas as partes dela são doces.

CALDA Mistura de água e açúcar que adquire diferentes aspectos e texturas, conforme a qualidade desejada, designada como "ponto".

CALDA CLARIFICADA Calda de açúcar transparente.

CALDA DO ENGENHO É o resíduo da produção do açúcar.

CALDEIRA Utensílio, geralmente de cobre ou ferro, para cozer o caldo de cana.

CALDEIREIRO Trabalhador da casa de caldeiras; artesão que confecciona as caldeiras de ferro e cobre.

CALDEIRO Vendedor ambulante de caldo de cana.

CALDO DE CANA Caldo extraído da cana-de-açúcar, com o qual se inicia o processo de fazer açúcar.

CALDO DE CANA COM PÃO DOCE Refeição tradicional e popular.

CALDO DE PILÃO Processo arcaico para obtenção do caldo de cana pelo ato de pilar.

CALDO PICADO É o caldo da cana sacarina que, antes de ser retirado da moenda, fica por algum tempo fermentando, para então ser consumido.

CALDOSA Cana-de-açúcar que produz muito caldo.

CALIZ Calha que conduz a água para a roda do engenho.

CALUMBÁ Cocho feito de madeira para recolher o caldo de cana-de-açúcar.

CAMBADA Trabalhadores do eito; trabalhadores do campo no plantio e na colheita de cana-de-açúcar.

CAMBICA Mosto; caldo grosso da fruta ao qual se mistura leite e açúcar; um tipo de refresco.

CAMBINDA Bloco carnavalesco das regiões dos engenhos de açúcar na Zona da Mata de Pernambuco.

CAMBITEIRO Trabalhador responsável pelo transporte da cana-de-açúcar para a moagem nos engenhos.

CAMBRAIA FINA Peneira de seda; peneira de tramas delicadas.

CANA DOCE Cana-de-açúcar.

CANA Gênero *Canna*, planta da família das canáceas; gramínea rica em sacarose.

CANADA Medida equivalente a 2,7 litros.

CANA-DE-AÇÚCAR EM ROLOS Ver *rolete de cana*.

CANA-CHEIROSA Ver *cálamo-aromático*.

CANA FITA Cana-de-açúcar muito doce, cuja casca exibe listras coloridas que lembram fitas e dão origem a seu nome.

CANA MÉLICA Cana doce; termo usado na península ibérica.

CANA MIRIM O mesmo que cana crioula.

CANANÃ O mesmo que canavial.

CANANAL Ver *canavial*.

CANA-ROXA O mesmo que "cana-de-macaco".

CANA SACARINA (*Saccharum officinarum*) Sua procedência ainda provoca embates entre botânicos e historiadores. A cana expande-se no Ocidente pela mão hábil do comércio dos mercadores muçulmanos. Chega ao continente africano e segue para a ilha da Sicília, na Itália. Continua seu trajeto para o sul da península Ibérica e de lá para a ilha da Madeira. Assim, nesse caminho entre o Oriente e o Ocidente, instala-se a saga e a "civilização do açúcar". Penetra então no Novo Mundo e finalmente encontra seu território de plantio, de difusão e de cultura, dando início a intensos processos sociais e econômicos.

CANA SACARINA NO BRASIL Oficialmente foi Martim Afonso de Sousa que trouxe a cana sacarina para o Brasil, em 1532; contudo, em 1516 já havia canavial em Itamaracá, Pernambuco.

CANAS AÇUCARADAS Ver *cana sacarina*.

CANAVIAL Plantação de cana sacarina; *plantation* dedicada ao cultivo de cana-de-açúcar; áreas dedicadas à cultura da cana, onde geralmente também se situam os engenhos de açúcar.

CANAVIEIRO plantador de cana; proprietário da *plantation* dedicada ao cultivo de cana-de-açúcar.

CANCEA Utensílio que serve para transportar o caldo de uma tacha para outra, nas fornalhas ou casa das caldeiras.

CÂNDI Pasta feita de açúcar, água e mel, usual na confeitaria.

CANDILAR Tornar cristalizado o açúcar.

CANELA (*Cinnamomum zeylanicum*) Pertencente à família das lauráceas, é tradicionalmente conhecida como canela do Ceilão; ingrediente que, combinada ao açúcar, está presente em grande número de receitas de doces; espécie nativa do Sri Lanka.

CANELÃO Confeito feito de cidrão e recoberto de açúcar; fruta açucarada.

CANIÇAL Ver *canavial*.

CANJICA Iguaria tradicional e emblemática da cozinha junina. Sua base é a espiga de milho verde, mas aconselha-se incluir na sua receita algumas espigas de milho seco, maduro; acrescenta-se açúcar, leite de coco, manteiga e canela; a massa é cozida até chegar ao "ponto" desejado; nos pratos, a canjica é pulverizada com canela em pó. Costuma-se fazer desenhos com a canela sobre a canjica, valorizando esteticamente o prato.

CANTO DE USINA Manifestações de poesia e de música para celebrar e apoiar o trabalho braçal.

CANUMBEMBE Morador ou trabalhador que vive na Zona da Mata pernambucana.

CAPIAU Trabalhador de engenho de açúcar localizado no litoral.

CAPITAL DO AÇÚCAR A cidade do Recife nos séculos XVI e XVII.

CARÁ (*Dioscorea alata*) Tubérculo, variedade de inhame, ingrediente de bolos, doces e, pães; come-se também cozido, com mel de engenho.

CARA DO AÇÚCAR É o açúcar mais branco.

CARAMELADO Crosta de açúcar vitrificada e crocante.

CARAMELIZAÇÃO Transformação do açúcar em caramelo.

CARAMELIZAR Processo em que as moléculas do açúcar são aquecidas e formam novos compostos; importante processo culinário na doçaria.

CARGA DE RAPADURA Referente a duas caixas com cinquenta "tijolos" de rapaduras cada; equivalente a um "pão de açúcar".

CARIMÃ Produto da mandioca; farinha muito fina, também conhecida como "massa azeda", usual para fazer bolos e biscoitos.

CARINHO DEGUSTATIVO O mesmo que doce.

CARITÓ Armário de base triangular, geralmente colocado no canto das paredes, feito de madeira e tela fina, utilizado para guardar doces, bolos, frutas em calda e outras iguarias.

CARNE E AÇÚCAR As carnes de diferentes animais, temperadas com cravo, pimenta, canela e açúcar, marcaram o uso do açúcar nos cardápios da Idade Média e do Renascimento na Europa.

CAROLINA Doce de coco com textura quase cremosa.

CARRADA Quantidade de cana-de-açúcar transportada em um carro de boi.

CARRO O equivalente a uma quantidade de aproximadamente 150 feixes de cana-de-açúcar.

CARTOLA Sobremesa tradicional pernambucana feita de banana, queijo, açúcar e canela.

CARTUCHOS FRANJADOS Embalagens de papel fino e colorido, para conter castanhas-de-caju confeitadas de açúcar ou farinha de castanha e açúcar.

CASA DAS CALDEIRAS Espaço no engenho onde estão as tachas ou caldeiras.

CASA DAS FORNALHAS Espaço edificado para abrigar as fornalhas do engenho de açúcar.

CASA DE ENGENHO Engenho de açúcar.

CASA DE FARINHA Espaço dedicado ao fabrico de farinha de mandioca e outros produtos derivados da mandioca. A casa de farinha integra o espaço social e econômico do engenho de açúcar, para formar a base alimentar do próprio engenho.

CASA DE MOENDA Espaço para a moenda de cana-de-açúcar; é onde se produz caldo de cana ou garapa.

CASA DE PURGAR Espaço no engenho onde se realiza o clareamento do açúcar nas fôrmas.

CASA DE VIVENDA Ver *casa-grande*.

CASADINHA FOFA Ver *casadinho*.

CASADINHO Biscoito, geralmente arredondado, unido com geleia ou doce em pasta, entre outros recheios.

CASA-GRANDE Com Gilberto Freyre, na obra *Casa-grande & senzala* (1978), vê-se que a casa-grande era o centro da administração do engenho de açúcar, da propagação da fé católica e da reunião do poder colonial e econômico; um lugar de comércio e principalmente de produção de comidas, em especial doces.

CASQUINHA Crosta de açúcar que se forma nas frutas cristalizadas.

CASSACO Antiga designação para trabalhador do eito, do engenho de açúcar; derivado do termo "cossaco".

CASTANHA[1] Designação genérica de frutos de casca dura e de semente única comestível, caracterizado por ser crocante e de gosto dominante; por exemplo, a castanha-de-caju, assada e geralmente salgada; na doçaria, as castanhas podem ser confeitadas e aromatizadas com camadas de açúcar.

CASTANHA[2] (*Castanea sativa*) É a tão popular castanha portuguesa, que integra a ceia de Natal e pratos como o purê de castanha, além de comparecer em receitas de outros doces.

CASTANHA-DE-CAJU CONFEITADA Castanhas-de-caju açucaradas.

CATINGUEIRO Trabalhador do eito; migrante do agreste e sertão.

CAULE DE CANA Colmo que chega a ter 5 m de altura, com diâmetro de 3 cm a 5 cm; apresenta-se em diferentes cores.

CAVACA Bolo seco recoberto de açúcar fino.

CAVACO Biscoito fino, feito de farinha de trigo e açúcar.

CAVALO-MARINHO Auto ou dança dramática da cultura popular e tradicional do Nordeste em que o enredo tem como personagem o Cavalo-Marinho; cavalo que chega de além-mar e é conduzido pelo Capitão; há outros personagens, como a Burrinha, a Ema e o Mateus; esse auto é o encontro do teatro medieval ibérico com matrizes africanas.

CAVAQUINHA Biscoito fino, feito de farinha de trigo e açúcar.

CAXIADOR Trabalhador que coloca o mel grosso nas fôrmas de rapadura.

CEPO Base de madeira.

CEREJA BRASILEIRA Ver *pitanga*.

CERIMÔNIA DA INAUGURAÇÃO Ver *bênção da moenda*.

CEROL Tipo secundário de açúcar.

CEVAR CANA Ato de botar a cana-de-açúcar na moenda.

CHÃ Planalto; Zona da Mata; região dos canaviais.

CHÃO DE USINA A área do engenho de açúcar.

CHIFFON Ver *claras em neve*.

CHILA Ver *gila*.

CHOCOLATEIRA Utensílio para fazer chocolate.

CHOCOLATEIRO Profissional do chocolate.

CHOCONANA Doce de massa em que se misturam banana e chocolate.

CHUPAR CANA Forma de sugar o suco da cana com a boca.

CHUPETINHA DE AÇÚCAR Rebuçado feito com açúcar e corante.

CICLAMATO Adoçante artificial sintetizado a partir de um derivado do petróleo.

CIDRA (*Citrus medica*) Fruta da família das rutáceas que tem amplo uso na doçaria (por exemplo, cidra cristalizada).

CINCHO Fôrma de madeira para o processo de maturação durante o preparo artesanal do queijo de coalho.

CIRCUITO DO PLANTIO DE CANA SACARINA EM PORTUGAL Algarve, sul de Portugal, e as ilhas atlânticas: ilha da Madeira e ilha dos Açores.

CIÚMES Doce feito de coco, ovos, manteiga, farinha de trigo, açúcar, erva-doce e canela.

CIVILIZAÇÃO DO AÇÚCAR Referente aos processos sociais, econômicos e culturais que nascem a partir do cultivo da cana sacarina e da produção e comercialização do açúcar.

CLARAS EM CASTELO Claras em neve cuja consistência é firme, para uso no preparo de bolos e outros doces.

CLARAS EM NEVE Claras de ovos batidas cuja consistência lembra a da neve.

CLARIFICADOR Equipamento de fabricação de açúcar em que o caldo de cana é submetido a um processo de limpeza por decantação das espumas; nos antigos engenhos, a tacha clarificadora ou defecadora era a primeira a ser usada na casa da fornalha.

CLARIFICAR Limpar, purificar o caldo de cana.

CLAROS Escuma da última purificação do caldo.

COALHAR O CALDO Etapa do fabrico de açúcar que precede o ato de purgar; branquear o açúcar.

COALHO Substância retirada do interior do estômago do cabrito ou do bovino novo, usada no processo de coalhar o leite no fabrico do queijo de coalho.

COALHO ANIMAL Ver *coalho*.

COALHO INDUSTRIAL Produto sintético para processar e coalhar o leite no fabrico do queijo de coalho.

COALHO QUÍMICO Ver *coalho industrial*.

COAR Processo de passar o caldo de cana pelo coador; o mesmo que filtrar.

COBERTURA Ver *glacê*.

COCADA BRANCA Doce tradicional feito de coco e açúcar.

COCADA DE BATATA UMBU O ingrediente principal da sua receita é a raiz do umbuzeiro, tipo de tubérculo chamado de "batata umbu"; o processo culinário reúne essa batata, coco e açúcar.

COCADA DE COLHER Doce de coco de consistência mole, para comer de colher.

COCADA DE GOIABA Na receita tradicional da cocada, acrescenta-se goiaba.

COCADA DE JACA Na receita tradicional da cocada, acrescenta-se jaca.

COCADA PRETA Tem a mesma receita da cocada branca, mas o açúcar é levado ao ponto de caramelo, o que dá cor escura ao doce.

COCÃO Ver *bolacha praieira*.

COCHE DE COICE Ver *banguê*[1].

COCHO Utensílio feito de madeira, geralmente uma peça monóxila, para conter líquidos.

COCO (*Cocos nucifera*) Fruta que traz o imaginário do nosso litoral e de tantas outras referências de um Brasil tropical. O *Cocos nucifera* é uma fruta originária do Oriente, provavelmente da Índia, que se abrasileirou e integra de maneira significativa nossos cardápios.

COCO-DA-BAÍA Ver *coco*.

COCO DA ÍNDIA Ver *coco*.

COCO-DA-PRAIA Ver *coco*.

COCO DESIDRATADO É a polpa da fruta que passa pelo processo de retirada de sua água.

COCO-VERDE Ver *coco*.

COLHEITA Período da safra.

COLHER DE ENGENHO Utensílio formado de cabo longo e concha com orifícios, usado para esfriar o mel de engenho.

COMER DE ONÇA Referente aos hábitos alimentares do africano em condição escrava nos engenhos.

COMIDAS LUXUOSAS Ver *banquete de engenho*.

COMPANHIA DAS ÍNDIAS OCIDENTAIS Organização comercial, no século XVII, constituída por mercadores dos Países Baixos (Holanda), que visava dominar o mercado do açúcar, fomentar a escravidão no continente africano e invadir os territórios coloniais ibéricos.

COMPOTA Conserva feita pelo cozimento de frutas com calda de açúcar e especiarias. São tradicionais as compotas de laranja, de limão, de pitanga, de abacaxi, de figo, e de outras frutas. Geralmente, esses doces em calda são acondicionados e servidos em compoteiras.

COMPOTEIRA Utensílio usual para conter as compotas, geralmente doces de fruta em calda, feito de vidro ou cristal, possibilitando que o doce seja visto e assim apreciado.

CONCHA Geralmente de ferro e mais côncava que as outras colheres, tem a função de retirar o mel de engenho para prova.

CONFEITAR Realizar a cobertura de bolos, tortas e doces, com o uso do açúcar e outros ingredientes; tradicionalmente, as chamadas "coberturas" são brancas, revelando o farto uso do açúcar; mas é comum usar-se anilinas, para colorir o açúcar, e os chamados "enfeites de confeiteiro".

CONFEITARIA Arte, técnica e habilidade de confeitar com açúcar; pode incluir modelagem e escultura em açúcar.

CONFEITEIRO(A) Culinarista que domina a arte de confeitar bolos, pães, tortas, biscoitos, com açúcar; trabalha em padarias, confeitarias, restaurantes e cozinhas domésticas.

CONFEITO Ver *rebuçado*.

CONFEITO ALVÍSSIMO Ver *alfenim*.

CONFEITO COMUM Confeito à base de açúcar, essência e corantes.

CONFEITURA Doce de fruta.

CONFIT Frutas em calda de açúcar ou carnes conservadas nas gorduras próprias dos animais.

CONTEIRA Tipo de cana-de-açúcar.

CONVENTOS E MOSTEIROS DE PORTUGAL Importantes centros gastronômicos no desenvolvimento de técnicas culinárias e receitas, especialmente de doces muito popularizados nas casas brasileiras.

COPEIRA Roda-d'água do engenho de açúcar.

CORÁ Ver *canjica*.

CORAÇÃO DE AÇÚCAR Tipo de confeito.

COR DE PÃO DE LÓ Expressão alusiva à amarela clara.

COSCORÕES Bolachas achatadas.

COSTA AFRICANA Designação geral para a costa atlântica da África, caracterizando tudo aquilo o que vem "da Costa" como sendo o que vem do continente africano; por exemplo, escravo da costa, inhame-da-costa, palha da costa, pano da costa, pimenta-da--costa e outros produtos.

COSTA DA GUINÉ Ver *Costa africana*.

COVILHETE Pratinho fundo feito de barro para conservar doces.

COZIMENTO Atividade de cozer o caldo de cana; o mesmo que decocção.

COZINHA DOCE Referente às receitas, aos cardápios, aos ingredientes e aos processos culinários para fazer doces.

COZINHA DOS SENHORES DE ENGENHO Referente às cozinhas das casas-grandes. Quase sempre havia uma cozinha externa, chamada "cozinha de fora", para a matança de porcos, cabritos, galinhas e seus preparos, e a "cozinha de dentro", especializada para fazer doces.

COZINHAR NO VAPOR Técnica de fazer o cozimento pelo vapor da água fervente; por exemplo, na preparação do cuscuz no cuscuzeiro.

CRAVO-DA-ÍNDIA (*Syzygium aromaticum*) Da família das mirtáceas; especiaria que integra diferentes receitas de doces.

CREMA Ver *creme*.

CREME Nata de leite; nata de leite e ovos, entre outros ingredientes.

CRÈME CARAMEL Iguaria obtida por cozimento de açúcar, até conseguir o "ponto", ao qual se misturam ovos, baunilha e outros ingredientes, conforme as receitas.

CREME DE CONFEITEIRO Ver *crème pâtissière*.

CREME DE GOIABA Doce de goiaba processado para atingir a textura cremosa.

CRÈME PÂTISSIÈRE Creme de confeiteiro; sua base é o chamado "creme inglês", com leite de gado vacum, farinha de trigo, amido de milho, ovos, açúcar e baunilha; comumente utilizado como recheio de bolos, tortas, pães e outros produtos tradicionais das padarias.

CRIOULA Tipo de cana-de-açúcar.

CRISTAIS DE AÇÚCAR Início da formação do açúcar.

CRISTOFORO MESSISBURGO Autor de importante livro de culinária do século XVI, onde destaca o uso do açúcar; no Renascimento, promoveu o uso de açúcar em receitas de peixe e de carne.

CRIVO Grelha que fica na fornalha do engenho de açúcar.

CRIVO DE CONFEITO Instrumento de confeiteiro; tipo de peneira para trabalhar farinha e açúcar.

CURAU Mingau feito de milho verde cozido, leite de gado vacum, açúcar e canela.

CURRUMBÃ Cocada escura e de consistência mole feita com coco ralado e mel de engenho.

CUSCUZ Comida preparada com massa de sêmola, cozida a vapor, que pode ser acompanhada de carne de gado caprino ou ovino, aves, frutas secas, como tâmaras e amêndoas, e legumes. É uma tradicional e importante receita da civilização do Magreb. No Brasil, o cuscuz ampliou-se para a base de massa de farinha de milho ou ainda de mandioca, acrescentando-se coco ralado, leite de coco e açúcar.

CUSCUZ DE CARIMÃ Feito de massa de mandioca.

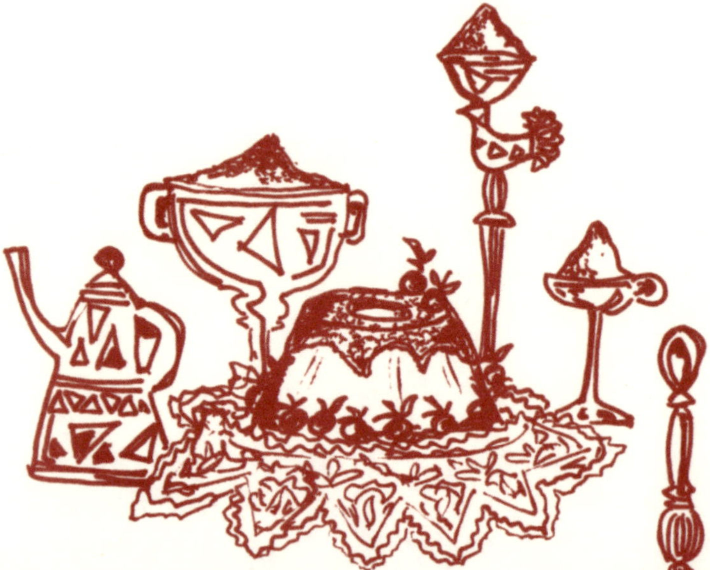

d

DAR OS DOCES O mesmo que "casar-se".

DE COCO Iguarias tradicionalmente preparadas à base de coco, como arroz de coco, feijão de coco, peixe de coco e os muitos doces "de coco".

DECANTAÇÃO Processo em que o caldo de cana é purificado antes de seguir para o evaporador.

DEDO DE FREIRA Doce conventual português feito de amêndoas, ovos, folhas de obreia e açúcar, recheado e polvilhado com açúcar refinado; sua forma lembra dedos de freira.

DEFECADORA Ver *tacha clarificadora*.

DEIXA-ME NO PARAÍSO Doce conventual português feito com amêndoas, ovos, açúcar, limão e canela, recheado com "ovos moles" (outro doce feito de gemas e açúcar).

DEMERANA Tipo de cana-de-açúcar.

DEMERARA Açúcar de refinamento leve, sem aditivo químico, de coloração castanha, similar ao açúcar mascavo.

DEPÓSITO DE RAPADURA Ver *tendal*².

DE PRIMOR Expressão para caracterizar pessoa sensível, em especial as doceiras.

DERRESOL Doce de coco feito com mel de engenho.

DESCOIVARAR Limpar a mata; limpar o terreno para o plantio da cana-de-açúcar.

DESENFORMAR Retirar da forma; retirar a massa após o seu preparo.

DESONERAR O mesmo que desandar; estar ruim, malfeito.

DEXTROSE O mesmo que glicose.

DIACIDRÃO Doce em calda feito com a casca da cidra.

DINHEIRO BRANCO O mesmo que açúcar.

DITA O mesmo que a unidade de medida de massa grama.

DITO O mesmo que a unidade de capacidade litro.

DOÇAGEM Ato de adoçar; tornar doce.

DOÇARIA Conhecimento, produção e difusão do doce.

DOÇARIA CLÁSSICA Ver *l'art de la cuisine*.

DOÇARIA ERUDITA Ver *doces conventuais* e *l'art de la cuisine*.

DOCE ALVÍSSIMO Ver *alfenim*.

DOCE ARTESANAL Doce caseiro, normalmente feito em ambiente doméstico, por boleira ou doceira de casa, ou ainda por mestres confeiteiros e *chefs*.

DOCE AUTORAL Doce com assinatura pessoal, de família, de restaurantes, de regiões e de grupos étnicos.

DOCE CRISTALIZADO Após passar pela técnica "em calda", a fruta é seca, retirando-se o líquido excedente; assim, depois de certo tempo, fica coberta de cristais de açúcar.

DOCE D'OVOS Iguaria feita com gemas de ovos e açúcar.

DOCE DA ILHA DA MADEIRA Qualidade de doce que servia como referência para a doçaria brasileira; por exemplo, bolo de mel, pão de mel e queijadas.

DOCE DE ABACAXI Doce da polpa da fruta cozida em água e açúcar.

DOCE DE ABÓBORA Ver *doce de jerimum*.

DOCE DE ARAÇÁ Ver *doce de goiaba em calda*.

DOCE DE BANANA "DE RODELINHA" Doce feito com banana prata, açúcar, cravo e canela; como acontece com o doce de goiaba em calda, o doce de banana "de rodelinha" é dulcíssimo, sendo isso uma característica da região açucareira do Nordeste.

DOCE DE BANANA "EM RODINHA" Ver *doce de banana "de rodelinha"*.

DOCE DE BATATA-DOCE[1] É o falso marrom glacê.

DOCE DE BATATA-DOCE[2] Doce de consistência pastosa feito de batata-doce, leite de coco e açúcar.

DOCE DE BATATA-ROXA Com a batata-roxa *(Ipomoea roxa)* faz-se um doce de consistência pastosa.

DOCE DE CAJU CRISTALIZADO Massa de caju, geralmente em forma de pequenas bolas pulverizadas com açúcar cristal.

DOCE DE CAJU EM CALDA A arte de fazer esse doce começa com o ato de descascar a fruta com uma faca de madeira; é complementado com calda de açúcar.

DOCE DE CASA-GRANDE Uma categoria de receitas que exigem variedade e quantidade de ingredientes e que atestam o poder econômico das cozinhas "matriarcais" dos engenhos de açúcar.

DOCE DE COCO LIGADO Doce duro e muito açucarado. Ver *quebra-queixo*.

DOCE DE COCO VERDE Ver *baba de moça*.

DOCE DE COLHER Doce mole e sem calda.

DOCE DE COMPOTEIRA Ver *doce em calda*.

DOCE DE ESPÉCIE Doce feito com especiarias. Ver *doce de gergelim*.

DOCE DE FREIRA Ver *doces conventuais*.

DOCE DE GERGELIM Tudo começa tostando-se o gergelim, que depois é moído; a massa obtida é colocada na rapadura diluída e acrescida de farinha de mandioca, tendo-se o cuidado para não "engrolar" (ver *engrolar*); esse doce tradicional inclui o gergelim; uma referência da doçaria do Magreb.

DOCE DE GILA Feito com açúcar e gila.

DOCE DE GOIABA Ver *doce de goiaba em calda*.

DOCE DE GOIABA EM CALDA Feito com goiaba vermelha e calda de açúcar – muito açúcar. Esse certamente é um dos doces mais doces da doçaria tradicional da região açucareira do Nordeste.

DOCE DE GUABIRABA Ou guabiroba. A fruta é limpa, tira-se o caroço e passa-se na peneira; em seguida, um mel ralo de água e açúcar recebe a fruta para ser cozida; doce em pasta, como a goiabada, a marmelada, a cajuada e o doce de buriti, entre outros.

DOCE DE JACA MOLE Sem os caroços, as bagas da jaca são passadas na peneira; faz-se uma calda de água e açúcar, que recebe a fruta.

DOCE DE JERIMUM O jerimum (abóbora) maduro é cozido em calda de açúcar e, quando está quase pronto, pode ser aromatizado com água de flor de laranjeira.

DOCE DE LARANJA-DA-TERRA Feito com as cascas dessa fruta e uma consistente calda de açúcar.

DOCE DE LATA Doce em conserva, geralmente embalado em lata; por exemplo, goiabada, marmelada, bananada, cajuada.

DOCE DE LEITE O leite do gado vacum e o açúcar vão ao fogo brando e são mexidos até se obter uma consistência pastosa.

DOCE DE MAMÃO O mamão verde, a rapadura, o cravo e a canela compõem esse doce.

DOCE DE MANGA Doce em calda em que a manga madura é talhada e segue para uma calda de açúcar no ponto de "fio brando".

DOCE DE MANGABA Essa fruta (*Hancomia speciosa*), nativa do litoral, é cozida sem a casca e depois passada por uma peneira; acrescenta-se uma calda de açúcar e retorna-se ao fogo.

DOCE DE PROMESSA Doces feitos para serem oferecidos em cumprimento de uma promessa religiosa e para exercer uma devoção. Em geral, nas tradições populares os santos gêmeos – são Cosme e são Damião – são obsequiados com doces artesanais e industrializados. Pode-se destacar as cocadas, que nesse imaginário é o doce do agrado dos santos. Esses doces são oferecidos em altares diante das imagens dos santos ou distribuídos nas ruas para as crianças. Crê-se que quando as crianças comem esses doces são os santos gêmeos que são alimentados.

DOCE DE PUTA Ver *doce de banana "de rodelinha"*.

DOCE DE PUXA Ver *puxa-puxa*.

DOCE DE TABULEIRO Doces, como a cocada e o bolinho de estudante, que integram a venda ambulante.

DOCE DE TAMARINDO (*Tamarindus indica*) Fruto do continente africano que está na nossa cozinha tradicional, é servido numa gamela de madeira e integra o tradicional tabuleiro da baiana.

DOCE DE UMBU Os frutos do umbuzeiro (*Spondias purpurea*) são cozidos e depois misturados com açúcar; é um doce de massa, como a goiabada e a marmelada.

DOCE EM CALDA Ver *compota*.

DOCE JAPONÊS Doce pastoso de venda ambulante, que se apresenta nos sabores coco, batata-doce, amendoim e castanha-de-caju.

DOCEIRA[1] Depósito ou recipiente, de louça ou vidro, para conter doces.

DOCEIRA[2] Mulher que faz doces, especialista em doces.

DOCEIRO Ver *caritó*.

DOCES À BRASILEIRA Receitas que valorizam a inclusão de ingredientes nativos, "da terra".

DOCES ANTROPOMORFOS Barriga de freira; braço de noiva; dedos de freira; maminhas de freira; olhos de santa Luzia; olhos de sogra; papos de abade; papos de anjo; testículos de são Gonçalo.

DOCES CONVENTUAIS Conhecimento e prática gastronômica para fazer doces nas cozinhas dos conventos, verdadeiros laboratórios de sabores e espaços de preservação das receitas medievais. Destaque para os conventos de Portugal, que, desde a Idade Média, são notáveis na arte da doçaria. São exemplos de doces: aletria, em Abrantes; pinhoadas, em Alcácer do Sal; amêndoas, em Alcobaça; bolo de noiva, em Almerim; bolo de são Gonçalo, cavacas, galhofas, lérias e pão de ló, em Amarante; corintos e pão doce, em Arouca; laranjas recheadas de chila e queijadas, em Barcelos; morgados e toucinho do céu, em Beja; fidalguinhos, em Braga; lampreias e trouxas-de-ovos, em Caldas da Rainha; doces cristalizados, em Elvas; alforjes de rebuçados, bolo real e esperanças, em Évora; arrufados, capelos, doces de coco e manjar branco, em Santa Clara; queijadas, em Sintra.

DOCES CONVENTUAIS DE CARÁTER COMPORTAMENTAL Raivas, suspiros e tabefes são exemplos de alguns doces do convento de Odivelas (século XIII, Portugal).

DOCES CONVENTUAIS DE IMAGINÁRIO CELESTIAL Deixa-me no paraíso; fatias celestiais; leito de nuvens; manjar do céu; queijinho do céu; toucinho do céu (Portugal).

DOCES CONVENTUAIS DE IMAGINÁRIO SENSUAL Amorzinhos de noviça; fantasias celestiais (Portugal).

DOCES DE JUNHO Tradicionalmente, são aqueles feitos de milho e coco, como pamonha, canjica e bolo de milho.

DOCES E LUGARES Doce "de tabuleiro" é o de venda ambulante e nas ruas; "feito em casa" é o doce doméstico, da cozinha caseira; o doce "de doceira" é encomendado e feito na cozinha da doceira.

DOCES ERÓTICOS Beijinhos; beijos; beijo de cabocla; levanta velho; língua de moça.

DOCES FINOS Doces bem elaborados segundo critérios da doçaria conventual, da doçaria da ilha da Madeira (Portugal), da confeitaria clássica francesa e das cozinhas dos engenhos de açúcar do Brasil.

DOCES FINOS DE SOBREMESA Designação de Gilberto Freyre para as sobremesas que finalizavam as refeições nas mesas dos engenhos, especialmente nos dias de festas; festas religiosas. São doces de frutas em calda, bolos e outras receitas à base de açúcar, canela e ingredientes "da terra".

DOCES LUSO-MONÁSTICOS Doçaria tradicional dos conventos e mosteiros de Portugal, que orienta muitas das nossas receitas.

DOCES NATALINOS Feitos com as receitas tradicionais ibéricas para a época do Natal, como, por exemplo, a rabanada; alguns doces já foram tropicalizados, com o uso de produtos "da terra".

DOCINHO DE BANANA E GOIABA Docinho em massa embalado em papel de seda.

DOCINHO DE CAJU Docinho em massa embalado em papel de seda.

DOCINHO DE COCO E JACA Docinho em massa embalado em papel de seda.

DOCINHO DE LEITE Docinho em massa embalado em papel de seda.

DOCINHOS DE FESTA São os chamados "doces de forminhas", como, por exemplo, o de coco e o bem-casado; fazem parte da estética da festa.

DOCINHOS EM FORMA DE FRUTA Feitos de massa de marzipã; por exemplo, doces feitos no convento de Martoria, na Sicília (Itália); também se destacam as frutas de marzipã do Algarve (Portugal), que inspiram nossos confeiteiros.

DÓLICO-DOCE Muito doce.

DOMESTICAÇÃO DE SABORES Aclimatação dos gostos; novas interpretações; abrasileiramento dos processos culinários, dos ingredientes e dos cardápios.

DRAGÉES Amêndoas cobertas de açúcar; confeito tradicional.

DÚLCIDO Suave, brando, meigo.

DULCIFICADO Adoçado, doce.

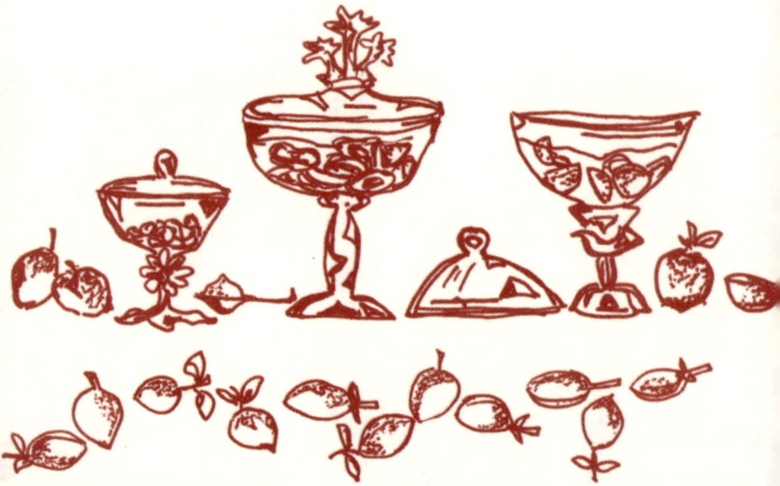

e

EDAFOCLIMÁTICA Referente às relações entre o solo e o clima; importante indicador para agricultura e para o plantio de cana-de-açúcar.

EDULCORANTE Substância que adiciona sabor doce aos alimentos e pode ser natural ou artificial; naturais são, por exemplo, a sacarose da cana-de-açúcar e da beterraba, a glicose, a fécula e o amido; artificiais são, por exemplo, o ciclamatos e o aspartame.

EITO Campo; refere-se também ao ambiente da agricultura.

EMBEBER Deixar ingredientes sólidos em contato com líquidos especiais; na doçaria, usam-se em geral bebidas, como, o vinho do Porto tinto, o vinho madeira, o conhaque, a cachaça, o vinho moscatel, etc.

EMELAR Tornar doce.

ENCERADA Referente à rapadura batida que lembra a cera.

ENFEITAR COM CANELA Maneira de complementar um prato, usando canela em pó; realizar desenhos – desenhos geométricos, letras, flores, estrelas, signos de salomão (estrelas) – com canela em pó sobre os pratos de arroz-doce ou canjica.

ENGENHO Lugar de produção que reúne diferentes equipamentos para a moagem da cana sacarina e o fabrico do açúcar. O mesmo que engenho de açúcar.

ENGENHO BANGUÊ O mesmo que engenho de rapadura.

ENGENHOCA Pequeno engenho; gangorra com que se faz açúcar bruto, rapadura e cachaça.

ENGENHO CENTRAL Refere-se aos antigos e tradicionais engenhos de açúcar de Pernambuco.

ENGENHO COPEIRO É o engenho que funciona pelo acionamento de copos d'água para mover a roda-d'água e assim movimentar a moenda.

ENGENHO D'ÁGUA Antigo engenho movido pela ação de uma corrente de água sobre grande roda de madeira.

ENGENHO DE ALMANJARRA Engenho em que a moagem da cana se fazia por meio de tração animal ou mesmo humana, com a força dos escravos. A almanjarra é uma peça de madeira que se atrela ao animal ou à pessoa que move a atafona.

ENGENHO DE CIMA Referência especial para engenho de açúcar.

ENGENHO DE CLAREIRA Engenho tradicional construído no litoral do Nordeste.

ENGENHO DE EIXO Ver *engenho de pau*.

ENGENHO DE MÁQUINA O mesmo que usina.

ENGENHO DE PALMA Ver *tipiti*.

ENGENHO DE PAU Engenho ancestral que funcionava por meio de dois eixos de madeira.

ENGENHO DE RAPADURA Fábrica de rapadura.

ENGENHO DO MEIO Referência especial para engenho de açúcar.

ENGENHO FILHO Unidade produtiva que surgia a partir de um engenho patriarcal.

ENGENHO MEEIRO Ver *engenho d'água*.

ENGENHO MEIO-COPEIRO Ver *engenho d'água*.

ENGENHO MOEIRO Ver *engenho copeiro*.

ENGENHO MOENTE Engenho em funcionamento, com referência à moagem da cana sacarina.

ENGENHO MOVIDO POR GIRO DE BESTAS Movido por tração animal.

ENGENHO NOVO Ver *engenho filho*.

ENGENHO PAI Baseadas em grande área de um engenho fundador, eram organizadas outras unidades produtivas autônomas; novos engenhos.

ENGENHOQUEIRO Artesão, carpinteiro produtor de engenhocas e de equipamentos de madeira usuais nos engenhos.

ENGENHO RASTEIRO Ver *engenho d'água*.

ENGENHO REAL Engenho de açúcar integrado ao processo colonial; o senhor do engenho real representava o rei de Portugal.

ENGENHO SÃO SALVADOR Também conhecido como Engenho Velho de Beberibe, provavelmente é o primeiro engenho de açúcar de Pernambuco.

ENGENHO TRAPICHE Movido por tração animal.

ENGENHO VELHO Ver *engenho pai*.

ENGROLAR Encaroçar.

ENSILADEIRA Ver *picadeira de cana*.

ENTROSA Roda dentada utilizada em antigos engenhos de açúcar.

ERVA-DOCE Ver *funcho*.

ESBORRAR Retirar as borras do caldo de cana fervente.

ESCACHAR Adoçar muito; cristalizar.

ESCUMA Espuma do caldo de cana fervente.

ESCUMADEIRA Utensílio culinário em forma de colher achatada com orifícios que serve para separar partes sólidas de líquidas; pode ser feito de cobre, ferro ou outro material.

ESFATIAR Cortar em fatias.

ESPÁTULA DE BOLO Utensílio culinário com lâmina achatada longa e de ponta afunilada, geralmente de metal, usado para servir bolos e tortas.

ESPÁTULA DE CONFEITEIRO Utensílio culinário com ponta achatada, ampla e flexível, utilizado em confeitaria.

ESPECIARIAS Ingredientes especiais introduzidos no Ocidente por meio de relações comerciais com o Oriente; são produtos aromáticos, de sabores e cores marcantes. Transformaram os cardápios da Europa medieval e renascentista, pois sua função primordial foi a conservação os alimentos; foram também incluídas na medicina. Estão também na perfumaria e são consideradas digestivas e afrodisíacas.

ESPECIARIAS COMO CONSERVANTES Usadas para atender a necessidade dos europeus que precisavam conservar ingredientes e comidas durante as grandes navegações, além de outros usos culinários e medicinais; assim, abriram-se novos mercados no Oriente para importar as tão cobiçadas "especiarias" – por exemplo, gengibre, pimentas, cravo e açúcar –, que transformaram os cardápios e os hábitos alimentares.

ESPECIARIAS DA ÁSIA Açafrão, açúcar, agáloco, alcaçuz, almíscar, anil, assa-fétida, canela, cardamomo, coentro, cominho, cravo, cúrcuma, galanga, gengibre, goma guggul, grão do paraíso, pimenta-longa, noz-moscada e muitas outras.

ESPECIARIAS DO CONTINENTE AFRICANO pimenta do Benim (*Piper guineense*), cubeba (*Piper cubeba*).

ESPECIARIAS PRÉ-COLOMBIANAS Nativas das Américas, como o cacau e diversos tipos de pimentas do gênero *Capsicum*.

ESPÉCIE Conjunto de indivíduos botânicos que guardam semelhança entre si e que trazem e transmitem aos descendentes indicadores de seus ancestrais.

ESPÉCIE DE GERGELIM Referente ao doce feito com uma especiaria, ou espécies, no caso o gergelim; doce de gergelim.

ESPÉCIES Ver *especiarias*.

ESPICHA-COURO Ver *quebra-queixo*.

ESPREMEDOR Moinho de caldo de cana.

ESTAR NO PONTO Ver *ponto*.

ESTENDEDOURO Ver *tendal¹*.

ÉTAGÈRE Peça de mobília de madeira, geralmente nobre ou "de lei" (por exemplo, jacarandá), complementada com mármore; é um apoio à sala de jantar, um lugar para os pratos de comida, servindo também para conter louça, licoreiras, açucareiros e outros utensílios para servir à mesa. Tipo de armário quase sempre com entalhes sobre a madeira com motivos de frutas, na sua parte superior, como um frontão.

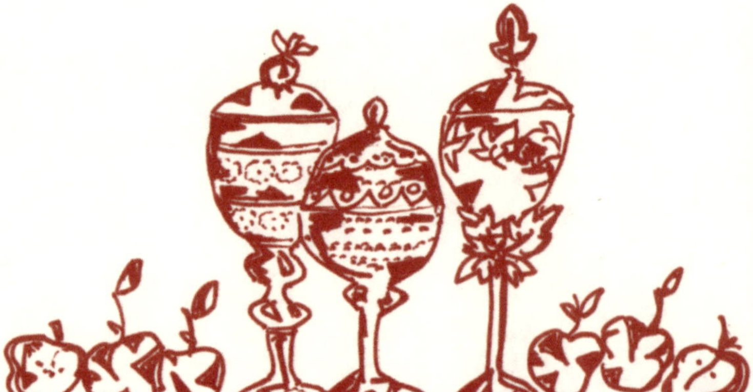

FÁBRICA[1] Local onde se produz açúcar; engenho; usina.

FÁBRICA[2] Ver *moita*.

FÁBRICA DE AÇÚCAR Ver *fábrica*[1].

FACA DE MADEIRA Utilizada nos trabalhos culinários com certas frutas que oxidam com facilidade, como, por exemplo, o caju.

FACA DE TAQUARA Ver *faca de madeira*.

FACÃO Ferramenta tradicional para a colheita da cana-de-açúcar nos canaviais, com uma longa lâmina de ferro ou de outro metal.

FARINHA DE BOLO Ver *farinha de trigo*. Tradicionalmente, atribui-se ao trigo a base para a confecção de bolos; Contudo, sabe-se que são muito correntes as farinhas de milho e de mandioca, entre outras.

FARINHA DE CASTANHA EM CARTUCHO Farinha de castanha-de-caju acrescida de açúcar, bem misturada e pilada, servida em cartuchos de papel; destacam-se as embalagens em papel fino, recortado e de diferentes cores.

FARINHA DE CUSCUZ Farinha de milho, usual e tradicional na receita do cuscuz, alimento matinal.

FARINHA DE GUERRA Farinha de mandioca fina.

FARINHA DE MILHO[1] Farinha obtida de diferentes tipos de milho.

FARINHA DE MILHO[2] Comida de rua; farinha de milho temperada e açúcar pilados, tipo paçoca.

FARINHA DE MURICI Essa fruta, do gênero *Byrsoima,* é misturada a rapadura; no pilão, é feita uma paçoca, uma massa compactada. As farinhas com sabores especiais são também chamadas de "farinhas temperadas" e em geral acompanham diferentes pratos salgados e doces.

FARINHA DE PÃO Aproveitamento e reciclagem do pão seco, moído ou ralado, em forma de farinha; tem diferentes usos culinários.

FARINHA DE PAU Farinha de mandioca fina.

FARINHA DE ROSCA Ver *farinha de pão*.

FARINHA DE TRIGO Um dos mais notáveis ingredientes para a doçaria tradicional, a confeitaria, padaria e as artes culinárias. É uma das mais antigas farinhas de que se tem notícia na história da alimentação.

FARINHA DO MARANHÃO Farinha de mandioca mais grossa, também chamada "farinha d'água", usual em diferentes pratos.

FARINHA DO REINO Ver *farinha de trigo*.

FARINHA FINA DE MANDIOCA O mesmo que carimã.

FARINHA SECA Farinha de mandioca fina.

FARTE Bolo feito de amêndoas, açúcar e farinha de trigo.

FASCOMANITE Matéria açucarada.

FATIA DA ÍNDIA Ver *rabanada*.

FATIA DE PARIDA Ver *rabanada*. O nome refere-se ao valor nutricional dessa iguaria, à base de pão, ovos, leite de gado vacum, canela e açúcar, para alimentar a mulher que deu à luz recentemente.

FATIA DO CÉU Ver *rabanada*.

FATIA DOURADA O mesmo que rabanada. Fatia de pão embebida em ovos que, após fritura, apresenta cor dourada – daí o nome desse doce.

FATIAS CELESTIAIS Doce conventual português feito de amêndoas, manteiga, ovos, leite de gado vacum, açúcar e farinha de trigo.

FÉCULA Amido; amido de milho, de mandioca. Importante ingrediente na doçaria tradicional.

FELÔ Rebuçado de açúcar. O chamado "ponto grosso" de calda de açúcar possibilita formar uma massa pronta para a modelagem artesanal de vários tipos de doces. Ver *alfenim* e *rebuçado*.

FERMENTAÇÃO Processo de transformação por meio de micro-organismos, bactérias e leveduras (por exemplo, as bactérias lácteas que se alimentam de açúcares, para produzir a coalhada e o queijo de coalho, entre outros). É a fermentação criando sabores, características especiais para a preparação de comidas e bebidas.

FERMENTAR Diferentes produtos podem ser utilizados para fermentar massas, fazendo-as crescer; o fermento, que pode ser biológico ou químico, atribui qualidade e sabor especiais às massas de bolo, pão, etc.

FERMENTO BIOLÓGICO Nessa categoria encontram-se o fermento seco e o fresco; sua base é o fungo *Sacharomyces cerevisae*, que, atuando sobre açúcares, em meios líquidos, para se alimentar e reproduzir, fermenta a massa.

FERMENTO NATURAL Ver *fermento biológico*.

FERMENTO QUÍMICO À base de bicarbonato de cálcio, geralmente se apresenta na forma de pó seco.

FERRO Peça de ferro para marcar ou assinar a peça de rapadura, identificando o engenho ou a família responsável por sua fabricação.

FERRO DE FILHÓS Molde de ferro com desenho e tamanho específico para receber e dar forma à massa de filhós; serve para levar a massa para a fritura.

FESTA DA CANA Ver *botada*.

FIDALGO DA TERRA Ver *senhor de engenho*.

FILHÓS Iguaria cuja massa, feita de farinha de trigo, ovos, casca de limão e manteiga, é frita em óleo e depois coberta com uma calda de açúcar; na receita portuguesa, recebe um recheio de doce de abóbora.

FILHÓS DE POLME Filhós que recebem recheio.

FILHÓS MOLES Ver *filhós de polme*.

FILHÓS MOURISCOS Ver *filhós*.

FINO O mesmo que açúcar refinado.

FINOS LÍQUIDOS Ver *licor*.

FIOS D'OVOS Iguaria associada à mesa portuguesa, à tradição da doçaria conventual; é feita de gemas de ovos e açúcar. Também são utilizados como recheio de muitos doces e como cobertura de bolos e tortas.

FITAS DE COCO Tiras de coco seco para cobertura de bolos e tortas.

FLOR Ver *água de flor, água de flor de laranjeira* e *água de rosas*.

FLORES DE AÇÚCAR Confeitos fitomorfos, tendo como base a morfologia de diferentes flores; são feitos de açúcar, corante e essência para aromatizar (tradicionalmente, usa-se a água de flor de laranjeira, segundo a tradição do Magreb). Complementam o trabalho de confeiteiros.

FLORES DE PAPEL Feitas artesanalmente de diferentes tipos de papéis e utilizadas em doces, para valorizá-los. Também servem como embalagens e ampliam o significado estético dos doces. Em geral, as próprias doceiras são as artesãs dessas flores, realizando dessa maneira um trabalho integrado entre forma e sabor.

FOLHA DE BANANEIRA Folha nova e tenra da bananeira que serve para embalar diferentes iguarias salgadas e doces, como, por exemplo, acaçá de leite, manuê e pamonha de carimã. As folhas são assadas ou passadas sobre o fogo, para adquirir mais flexibilidade. Embalam as comidas e garantem seu sabor, como também agregam novo sabor e odor.

FOLHA DE MILHO Usa-se a folha do milho verde como embalagem para a pamonha: a folha recebe a massa e é amarrada nas pontas, também com uma tira de folha do milho.

FOLHAS DE OBREIA Ver *hóstias*.

FÔRMA DE AÇÚCAR Utensílio de barro utilizado durante o processo de solidificação do açúcar. Produz o tão conhecido pão de açúcar. Também há fôrmas feitas de madeira.

FÔRMA DE BOLO Utensílio culinário em diferentes formatos e tamanhos, geralmente de cobre, folha de flandres ou alumínio; destacam-se a fôrma em aro e a fôrma redonda de fundo removível, própria para se fazer rocambole.

FÔRMA DE PAPEL FRISADO A mais comum, conhecida como forminha de docinhos de festa. Há de diferentes papéis e cores, compondo um conjunto visual com a iguaria, uma representação estética.

FÔRMA DE RAPADURA Tradicionalmente feita de madeira, dá a modelagem e a gramatura do "tijolo" (calda de rapadura solidificada).

FORMINHA DE FESTA Ver *fôrma de papel frisado*.

FRANS JANSZOON POST (1612-1680) Pintor holandês que, no século XVII, acompanhou Maurício de Nassau ao Nordeste, na área que compreende do Maranhão à Bahia. Realizou notável coleção de desenhos e pinturas de cunho documental e etnográfico, com destaque para a tela *Engenho com capela*.

FREIRAS A tradição conventual portuguesa destaca as freiras como guardiãs de antigas receitas e como autoras de vasta produção de doces, em especial aqueles à base de ovos, amêndoas e açúcar. Essas notáveis doceiras consagraram o estilo de fazer o "doce conventual" e criaram um imenso cardápio de sobremesas.

FRUIT CAKE É o tradicional bolo inglês ou bolo de frutas; sua receita provavelmente orienta a do bolo de noiva.

FRUITS CONFITS Confeitos; frutas confeitadas; refere-se às frutas cristalizadas.

FRUTA DA TERRA Fruta nativa do Brasil; por exemplo, caju, goiaba, araçá, pitanga, etc.; produto que identifica uma região, um território.

FRUTA DO MATO Ver *fruta nativa*.

FRUTA NATIVA Ver *fruta da terra*.

FRUTAS COBERTAS Frutas glaceadas, ou seja, cobertas de açúcar.

FRUTAS EXÓGENAS Frutas que chegaram ao Brasil vindas de diferentes regiões do mundo e que, na sua maioria, se aclimataram e se nacionalizaram; por exemplo, manga, jaca e carambola. Destaque para as frutas transportadas para o Brasil por determinação de dom João VI, no século XIX, como o araticum ou a anona (da África), o bilimbi (da Malásia), a fruta-pão (da Ásia), a groselha (do Taiti), a jalapa (do México), o mangustão (do Vietnã) e o sapoti (da América Central).

FRUTEIRA[1] Espécie nativa ou exótica que produz fruta comestível: abacateiro, cajazeira, pitangueira, cajueiro, mangueira.

FRUTEIRA[2] Utensílio para conter e servir frutas *in natura*; pode ser feito de cerâmica, louça, vidro, cristal, prata.

FRUTO INCHADO Fruto dito "de vez", que ainda não está maduro para ser consumido.

FRUTOSE Monossacarídeo encontrado em frutas, cereais e no mel.

FUBÁ Farinha muito fina, que serve para fazer muitos pratos salgados e doces; por exemplo, fubá de milho, fubá de arroz.

FUBÁ DE MILHO Farinha de milho, geralmente obtida do milho seco e maduro, usual em receitas de bolos, biscoitos e outros pratos doces.

FUNCHO (*Foeniculum vulgare*) Erva de aroma especial, usual no tempero de doces, conhecida popularmente como erva-doce.

FURU-FURU Escuma do melaço fervente.

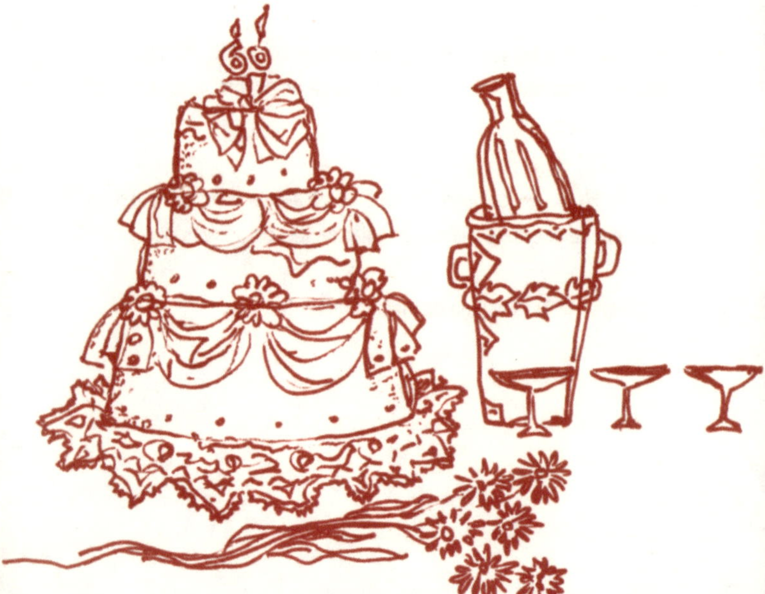

GALANTERIA Ato de enfeitar, confeitar os doces com massa de açúcar.

GAMELA Recipiente culinário de madeira com formato arredondado, usual no preparo de massas de bolo.

GANGORRA DE FAZER AÇÚCAR Ver *engenhoca*.

GANÓ Engenho de açúcar tradicional da Índia portuguesa.

GARAPA[1] Ver *caldo de cana*.

GARAPA[2] Rapadura diluída em água; tipo de refresco.

GARAPA DE FRUTAS Ver *garapa picada*.

GARAPA PICADA Semelhante ao tradicional aluá: misturam-se ingredientes como mel de engenho, sumo de fruta (maracujá, laranja ou tamarindo), milho vermelho e água; tipo de refresco.

GARAPEIRO Vendedor de garapa.

GELEIA Técnica culinária para preservar frutas pelo acréscimo de muito açúcar. Utiliza-se como recheio para tortas, além de complemento para pães e biscoitos; pode integrar a massa do glacê, ampliando o sabor e a cor.

GEMA SERTANEJA Referente ao broto da cana-de-açúcar.

GÊNERO Referente a um conjunto de espécies botânicas.

GERGELIM (*Sesamum orientale*) Especiaria; tempero de forte presença na cozinha do Magreb e usual nas receitas de doces.

GIAÇA BRANCA[1] Tipo de cobertura feita com clara de ovo, açúcar refinado e sumo de limão, utilizada em receitas de bolos e tortas.

GIAÇA BRANCA[2] Biscoito feito com farinha de arroz.

GILA Tipo de abóbora usual para doces.

GILBERTO FREYRE (1900-1987) Sociólogo e antropólogo pernambucano, natural do Recife, cuja vasta obra sobre o Nordeste tem reconhecimento internacional. Em seus estudos, dedicou lugar especial para a comida, destacando o doce e o açúcar. Clássicas são as suas obras *Casa-grande & senzala*, *Nordeste* e *Açúcar*, nas quais desenvolve análises humanistas e revela o conceito de "tropicologia", um olhar sensível sobre o homem que na região tropical.

GLAÇAGE Referente a glacê, cobertura de doces; técnica da cozinha tradicional francesa. Pode ser um tipo de molho gelatinoso com o qual se recobrem iguarias salgadas, cujo resultado visual lembra o glacê de bolos e doces.

GLAÇAR Ação de recobrir as frutas de açúcar com técnicas de confeitaria.

GLACÊ Massa, endurecida ou não, feita com açúcar e clara de ovo, para recobrir ou confeitar bolos e doces.

GLACÊ DE ÁGUA Glacê feito de açúcar de confeiteiro e água.

GLACÊ REAL Massa especial e mais consistente feita de açúcar para agregar elementos decorativos à elaboração de bolos e tortas; é um apoio no desenvolvimento da arte da confeitaria.

GLAÇÚCAR Açúcar de confeiteiro.

GLUCOSE DE MILHO Adoçante menos doce do que o açúcar, usual no preparo de sorvetes.

GLUTONERIA DAS CASAS-GRANDES Referente à grande variedade e quantidade de comida disponível, em especial de doces. Orgia de açúcar, notadamente no tempo das festas.

GOIABA DA CHINA Goiaba branca.

GOMA Matéria básica para fazer tapioca; goma de tapioca.

GRAL Ver *almofariz*.

GRAL DE MÁRMORE Almofariz feito de mármore.

GRANGEIA Pequenos confeitos de açúcar aromatizados e coloridos.

GRANITA Ver *raspa-raspa*.

GROLADO Técnica de fazer doce de fruta com sua casca; por exemplo, doce de goiaba.

GROSELHA (Gênero *Ribes*) Fruto da groselheira, de uso tradicional na fabricação de xaropes, caldas e sobremesas.

GRUMIXAMA (*Eugenia brasiliensis*) Fruta nativa do Brasil de polpa carnuda e suculenta.

GRUMO Referente a grânulo; por exemplo, amendoim.

GUERRA DO AÇÚCAR Referente à expulsão dos holandeses, no século XVII, em Pernambuco.

GULODICE Atração compulsiva por comer doces.

h

HIDROSSÁCARO Água com açúcar.

HÓSTIAS Processo tradicional de fazer massa de farinha de trigo ázima, ou seja, sem fermento. Comida ritual dos católicos. Segundo relatos do século XVII, para fazer hóstias no Brasil, o trigo, que era importado da Europa, foi substituído pela mandioca. A massa da hóstia é usual na confeitaria para a feitura de diferentes receitas de biscoitos e doces.

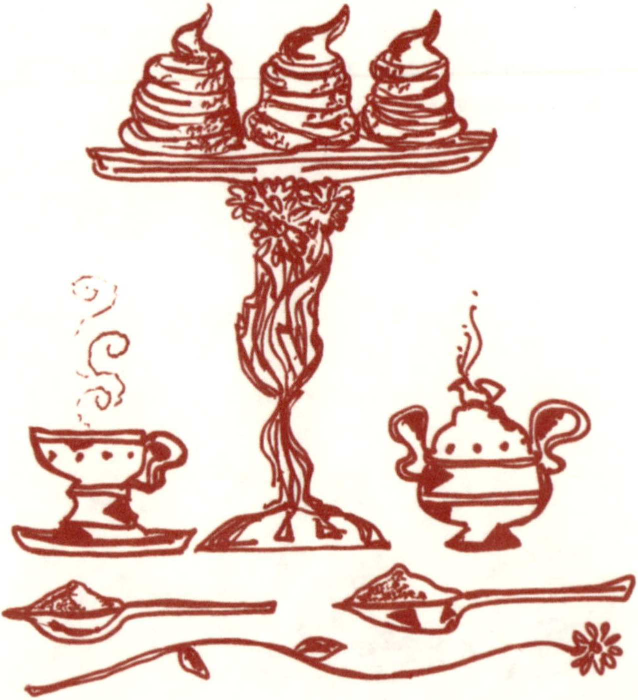

IBIRICA BABACA Engenho de açúcar movido à roda-d'água.

IGUARIA Ver *acepipe*.

IMBUZADA Doce de umbu (ou imbu), que pode ser feito com leite de gado vacum.

INFLUÊNCIAS GALEGAS Referente à organização dos engenhos centrais de Pernambuco, nos século XVI e XVII.

INFUSÃO Processo em que se utiliza água fervente para extrair o princípio ativo de algum elemento vegetal; por exemplo, infusão de jenipapo, para a fabricação, de maneira artesanal, do licor de jenipapo. Ver *licor*.

INSURREIÇÃO PERNAMBUCANA Movimento para libertar Pernambuco da invasão flamengo-holandesa, iniciado no Engenho São Vicente da Várzea, em 13 de junho de 1645; a senha dos insurgentes era "açúcar".

j

JENIPAPADA Doce feito de jenipapo e açúcar, sem ir ao fogo.

JENIPAPO (*Genipa americana*) Fruta nativa da terra brasileira.

JERIMUM Designação regional para a abóbora no Nordeste.

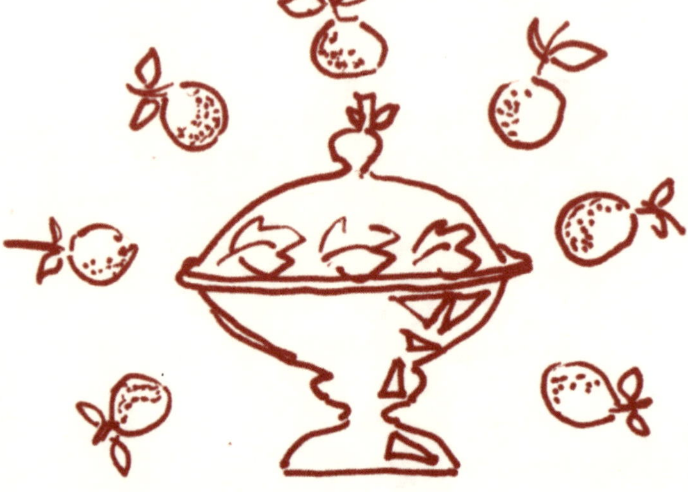

L

L'ART DE LA CUISINE Estilo, orientação técnica e estética referentes à cozinha francesa do século XIX, que até hoje caracteriza o que se pode chamar de cozinha clássica; por exemplo, os bolos de noiva monumentais, com glacê branco, elementos decorativos de flores e esculturas em açúcar.

LAVOURA DA CANA Terreno organizado para o plantio da cana-de-açúcar. Também é referente ao ato de plantar cana-de-açúcar.

LE GUIDE CULINAIRE Livro originalmente publicado em 1902 por Georges Auguste Escoffier (1846-1935). Importante acervo de receitas da belle époque (na virada do século XIX para o século XX), que define regras para a estética dos doces, privilegia os desenhos circulares e as estilizações de elementos da natureza, em especial flores e folhas trabalhadas em açúcar, com tendências escultóricas.

LE PÂTISSIER PITTORESQUE Livro publicado em 1815 por Marie-Antoine (Antonin) Carême (1784-1833), notável confeiteiro e *chef*, que desenvolveu a confeitaria como expressão de arte, orientando gerações de confeiteiros.

LE PÂTISSIER ROYAL PARISIEN Livro publicado em 1828 por Marie-Antoine (Antonin) Carême (1784-1833), trabalho que marcou a história da arte de confeitar e da doçaria na Europa e, consequentemente, no mundo.

"LE PELLETIER" Manteiga francesa, a preferida das doceiras do Nordeste, no início do século XX.

LEALDADOR DE AÇÚCAR Especialista que fiscaliza a produção de açúcar no engenho.

LEITE DE CAJUEIRO Substância viscosa que, unida ao açúcar, forma o alcocer, massa para se cobrir doces.

LEITE DE CAL Hidróxido de cálcio, utilizado para purificar e clarear o açúcar.

LEITE DE COCO PURO Leite do coco sem adição de água.

LEITE DE GADO VACUM Leite de gado bovino.

LEITE DE NUVENS Doce conventual português feito de limão, maçã reineta, arroz, leite de gado vacum, manteiga, ovos, açúcar e sal.

LEITE GORDO Leite de gado vacum com nata.

LEITE GROSSO Ver *leite de coco puro*.

LELÊ DE MILHO Bolo feito de farinha grossa de milho, coco, limão, açúcar e sal.

LER Ação de compreender os canaviais, referente à colheita de cana-de-açúcar.

LEVEDAR Referente à produção de massa fermentada, por exemplo, massa de bolo.

LEVEDURA Ver *fermento biológico*.

LIBRA DE AÇÚCAR Equivalente a 459 gramas.

LICOR Infusão de frutas combinada com vários ingredientes e, principalmente, açúcar, acrescida de álcool de 42°, em média. Bebida que acompanha a civilização do açúcar e valoriza frutas tropicais, como maracujá, jenipapo, laranja-cravo, coco e pitanga.

LICOREIRA Recipiente de vidro ou de cristal para armazenar e servir licor. De diferentes tamanhos e formatos, em geral é translúcida, para que se possa ver a cor e a viscosidade da bebida.

LINHO Referente ao tecido branco, que não precisa ser necessariamente o próprio linho, utilizado como coador; utensílio culinário.

LISTRADA Tipo de cana-de-açúcar.

LITURGIA DO DOCE Reunião de saberes e técnicas culinárias que celebra o açúcar. Refere-se ainda às doceiras, boleiras e mulheres que, pela experiência pessoal e familiar, preservam receitas, salvaguardando os patrimônios culinários regionais.

LIVRO DE COZINHA DA INFANTA D. MARIA (Manupella, 1987) Escrito entre o final do século XV e o início do século XVI. É tido como um dos mais antigos livros de receitas de comidas em língua portuguesa. Organizado em quatro cadernos, informa sobre vários doces e os diversos usos do açúcar. Os originais encontram-se na biblioteca de Nápoles, na Itália.

LUZIÊ Tipo de cana-de-açúcar.

m

MAÇÃ REINETA Variedade de maçã.

MAÇAPÃO Ver *marzipã*.

MAÇAROCA DE MILHO Ver *mão de milho*.

MACAXEIRA Nome regional usado no Nordeste para designar a mandioca doce; do tupi *maka'xera*.

MACAXEIRA ROSA Qualidade da macaxeira que apresenta casca de cor rosa, indicada para uso culinário.

MADEIRAS PARA O FABRICO DE CAIXAS NOS ENGENHOS Bururarema, camaçaí, munlunguba, pau-d'alho, pau-de-gameleira.

MAA AL WARED Ver *água de rosas*.

MAA AL ZAHAR Ver *água de flor de laranjeira*.

MÁLAGA Ver *passa*.

MAMÃO (*Carica papaya*) Gabriel Soares de Sousa refere-se ao mamão como fruta que foi de Pernambuco para a Bahia. Diz ainda o cronista que o mamão se come com a brandura do melão. Certamente uma das frutas mais populares.

MANCHA DE CANA-DE-AÇÚCAR O mesmo que canavial.

MANDUÇA Rapadura doce.

MANJAR BRANCO À BRASILEIRA Receita tradicional de manjar, ao qual se acrescenta leite de coco.

MANJAR DO CÉU À base de leite de gado vacum e farinha de trigo, é uma das mais antigas receitas de manjar que está no *Livro de cozinha da infanta d. Maria* (Manupella, 1987), do século XVI, em Portugal. A receita original incluía galinha desfiada na massa. No Brasil, o manjar é feito de amido de milho e, certamente, açúcar.

MANJAR REAL Receita original do *Livro de cozinha da infanta d. Maria* (Manupella, 1987), do século XVI, em Portugal, na qual se utilizavam farinha de arroz, leite de gado vacum e amêndoas.

MANTEIGA DA TERRA Ver *manteiga de garrafa*.

MANTEIGA DE GARRAFA Apresentada em garrafa de vidro, essa manteiga semilíquida é feita da gordura do leite. Para fazer 1 litro dessa manteiga são necessários 50 litros de leite. Ela é semelhante ao *ghee* – tipo de manteiga indiana.

MANUÊ Doce que recupera aspectos da técnica culinária nativa do moquém indígena por meio do cozimento no calor de brasa sobre uma grelha. Ele é feito de mandioca nova, leite de coco, manteiga, erva-doce e açúcar e é embalado em folha de bananeira.

MANUÊ DE CARÁ A massa de cará (*Dioscorea alata*), coco, ovos, manteiga e açúcar é assada no forno.

MÃO[1] Medida equivalente a 50 feixes de cana-de-açúcar.

MÃO[2] Habilidade; qualidade. Conhecimento para realizar diferentes comidas, daí chamar-se "mão de cozinha".

MÃO DE DOCE Qualidade e reconhecimento daqueles que têm maestria na arte de fazer doce.

MÃO DE MILHO Equivalente a cem espigas de milho.

MÃO DE OBRA ESCRAVA Todo e qualquer trabalho realizado por africanos e seus descendentes em condição escrava. Destaque para o trabalho no plantio e na colheita da cana sacarina e no fabrico do açúcar.

MAR DE CANA Canavial.

MARACATU DE BAQUE SOLTO Ver *maracatu rural*.

MARACATU DE ORQUESTRA Ver *maracatu rural*.

MARACATU RURAL Manifestação popular que integra a sambada, o samba de matuto e a cambinda, e que se organizou em cortejo e passou a receber alguns elementos do maracatu urbano. É uma rica expressão da Zona da Mata pernambucana, área dos canaviais e dos engenhos.

MARIA-MOLE Doce feito com coco, ovos, açúcar e farinha de trigo; a massa, em forminhas, segue para assar no forno.

MARIOLA Nome dado ao doce de banana ou de goiaba em pasta, geralmente embalado em papel ou em folha de bananeira e vendido em feiras e mercados.

MARMELADA Doce feito de marmelo (*Cydonia oblonga*). Também é uma designação para doces de diferentes frutas que se apresentam na forma de pasta.

MARZIPÃ Massa tradicional de amêndoas, açúcar e sumo de fruta. Doce de procedência muçulmana cuja consistência lembra a do pão.

MARZIPÃ À BRASILEIRA Substituem-se as amêndoas da receita tradicional muçulmana por castanhas-de-caju, amendoins ou castanhas-do-pará.

MASCAVADO COALHADO Massa de rapadura acrescida de amendoins.

MASCAVAR Processo artesanal para separar o açúcar mascavo.

MASCAVINHO Açúcar não refinado; tem consistência mais dura do que o açúcar mascavo.

MASSA CHEIA DE OLHOS Referente à identificação visual da massa fofa e macia.

MASSA DE CARIMÃ Ver *carimã*.

MASSA RICA Massa de bolo à base de farinha de trigo, acrescida de frutas cristalizadas, frutas secas e bebidas. Ver *bolo de noiva* e *fruit cake*.

MASSAPÊ Tipo de barro especial para o plantio da cana sacarina.

MATA-FOME Bolacha ou biscoito feito com massa densa de farinha de trigo ou de milho, gordura e açúcar.

MATA SUL Zona de mata úmida onde está o melhor massapê para o plantio da cana sacarina.

MAURÍCIA Cidade criada por Maurício de Nassau (século XVII). Referente à cidade do Recife.

MEL[1] Ver *melado*.

MEL[2] Substância produzida por abelhas a partir de pólen de flores.

MEL[3] Referente a calda de açúcar.

MELACEIRO Vendedor de melaço.

MELAÇO Mel de engenho também conhecido como "mel final".

MELADO Do caldo de cana processado é extraído um líquido viscoso, escuro, que possui sabor distinto conforme o "ponto". É valorizado quando adquire coloração escura e seu sabor está mais próximo do caramelo.

MELADO COALHO Ver *rapadura*.

MELADO COM FARINHA Mistura de farinha seca (farinha de mandioca) e melado; usual como sobremesa, lanche ou merenda.

MELADURA[1] Etapa em que se obtém o mel de engenho no processo de fazer açúcar.

MELADURA[2] Processo completo do engenho, do caldo ou garapa ao açúcar.

MEL CABAÚ Mel de engenho que fica no tanque.

MEL DE BARRO Mel branco; líquido que está na fôrma durante o processo de purgar.

MEL DE CABAÇO Referente a mel de engenho.

MEL DE CAJU Xarope grosso; mosto do caju e açúcar.

MEL DE CANA Nome tradicional para o caldo de cana.

MEL DE DEDO Mel pouco doce.

MEL DE ENGENHO COM BATATA-DOCE Mistura de mel de engenho e batata-doce cozida, consumida como uma pasta.

MEL DE ENGENHO COM CARÁ Mistura de mel de engenho e cará cozido, consumida como uma pasta.

MEL DE FURO Melaço; mel de engenho excedente da fôrma de pão de açúcar.

MEL DE PEDRA Designação para o açúcar na China, no século II a.C.

MEL DO AÇÚCAR Calda de açúcar.

MELÍCIA Doce feito de amêndoas, açúcar, canela e cravo.

MELINDRE Docinho feito de coco, ovos e açúcar, tradicionalmente assado sobre folha de papel fino, de seda.

MEL MASCAVADO Mel de rapadura.

MESTRE DE AÇÚCAR Técnico que supervisiona o processo de fazer açúcar.

MESTRE DE ENGENHO Ver *mestre de açúcar*.

MESTRE DE RAPADURA Profissional que conhece o "ponto", a qualidade da calda, que é a base para a feitura da rapadura.

MEXEDOR Pessoa que mexe o mel na tacha.

MILHO SECO Milho maduro.

MIMOS Bolinho feito com polvilho (produto derivado da mandioca), açúcar e ovos. As forminhas untadas de manteiga são polvilhadas com farinha de trigo para receberem a massa, que vai ao forno.

MINGAU Alimento de consistência mole, quase líquida, à base de leite de gado vacum e açúcar, complementada com milho, carimã, arroz, amido ou coco; pode ser aromatizado com água de flor e pulverizado com canela.

MOAGEM Processo geral de se fazer o "caldo"; início do processo de fazer açúcar.

MOEDA DAS CAPITANIAS Açúcar.

MOENDEIRO Responsável pelo fabrico do caldo de cana ou caldo de garapa.

MOENTE Ver *engenho*.

MOITA Tipo de construção do engenho onde se realizava a moagem da cana e o cozimento do caldo.

MOLINOTE Tipo primitivo de engenho; almanjarra.

MONOCULTURA DA CANA-DE-AÇÚCAR Orientação exclusiva para a produção de açúcar e dos seus derivados. Em *Nordeste*, Gilberto Freyre vê de maneira crítica a monocultura da cana-de-açúcar, especialmente em Pernambuco.

MONSERAT Doce, da categoria dos "docinhos de festa", feito de gemas de ovos, açúcar, manteiga e nozes.

MORCELA DOCE Tipo de embutido doce.

MOSTO Fermentação de qualquer fruta açucarada ou de cereal. Com o mosto da cana sacarina é produzida a cachaça.

MULATINHO Ver *açúcar mascavo*.

MUNGUNZÁ Feito de milho branco cozido em água, leite de coco, açúcar e sal.

MUNGUNZÁ DE ENGENHO Ver *mungunzá*.

MURICI Fruta nativa do Brasil, do gênero *Byrsonima*, com a qual se faz um delicioso doce.

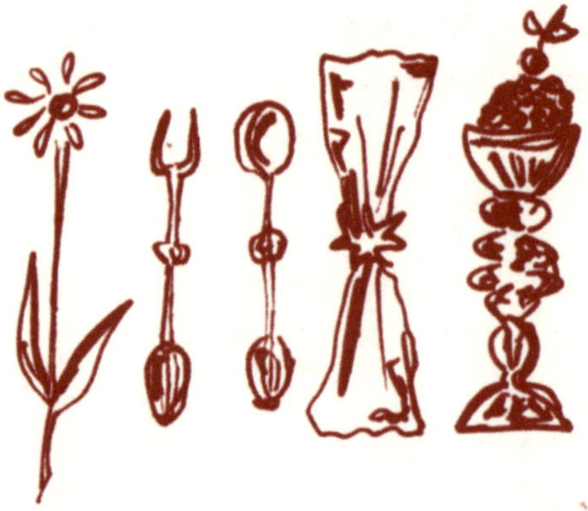

n

NACO Ver *talhada*.

NAMORO GOSTOSO Docinho feito de queijo de manteiga, açúcar, ovos.

NATA Parte gordurosa do leite de gado vacum, caprino ou ovino, utilizada para fazer manteiga e queijo.

NATEIRADO Coberto de nata.

NEGO-BOM Doce popular do Nordeste feito de banana, muito açúcar e suco de limão; com esses ingredientes, são feitas bolinhas que podem ser embaladas em papel fino.

NEGRO Designação geral para africano em condição escrava.

NEGRO DA COSTA Ver *negro da Guiné*.

NEGRO DA GUINÉ Designação dada aos africanos em condição escrava no Brasil.

NEVADA Claras em neve.

NINHO Doce à base de gemas, limão, açúcar e vinagre, feito com base em fios d'ovos.

NOBREZA DA TERRA Senhor de engenho.

NOZ (*Juglans regia*) Ingrediente tradicional na doçaria, utilizada em doces, recheios para tortas e outros usos.

NOZ-MOSCADA (*Myristica fragrans*) Especiaria, tempero para diferentes pratos, destaque na doçaria.

OBEZÉ Doce preparado com farinha do Maranhão (farinha de mandioca mais grossa), misturada com leite vacum, coco, ovos e açúcar; recobre-se a massa com suspiro e leva-se a assar no forno.

OBREIAS Ver *hóstias*.

OFÃ Búzio que servia como moeda para a compra de africanos em condição escrava e cuja principal função era trabalhar nos engenhos de açúcar.

OFFICIER DE BOUCHE Em gastronomia, designação na cozinha francesa do século XIX para o que hoje se chama de *chef*. Atuava na organização de cardápios e dedicava especial atenção à sobremesa e, assim, aos doces.

OFÍCIO Referente ao domínio de um conjunto de conhecimentos que, em geral, estão em âmbito artesanal: ofício da cozinheira, ofício da doceira, ofício do confeiteiro, entre outros.

ÓLEO ESSENCIAL DE FLOR DE LARANJEIRA Ingrediente da massa de açúcar do alfenim.

OLHO DE CANA Ver *bandeira*.

ONÇA Medida de peso inglesa equivalente a 28,349 gramas.

OPERA DELL'ARTE DEL CUCINARE Obra clássica de Bartolomeu Scappi (*c.* 1500-1577), publicado em Veneza, no ano de 1570, que orientou os cardápios e os estilos de fazer doce na época do Renascimento na Europa. Compreende seis livros, sendo o quinto volume dedicado a pastelaria, bolos e tortas.

ORCHATA Bebida refrescante preparada com pevides (sementes) de melancia, água e açúcar.

OURO BRANCO Açúcar.

OVOS EM NEVE O mesmo que claras em neve.

OVOS REAIS O mesmo que fios d'ovos.

p

PAÇOCA DOCE Ver *amendoim*.

PAIÃO Grande quantidade de cana-de-açúcar.

PALANGANA Xícara muito grande; tigela.

PALHA DE ABRANTES Ver *fios d'ovos*.

PAMONHA DE MILHO Feita de milho verde, açúcar, leite de coco, manteiga e sal a gosto; a massa, quando pronta, é envolta em folha de espiga de milho, para então seguir para o cozimento.

PANACU Grande cesto feito com trançado de fibra vegetal, usado para transportar o açúcar para a pesagem.

PANCÃO Iguaria feita com xarope ou mel de caju e castanhas piladas com açúcar.

PÃO DE AÇÚCAR Tipo de fôrma onde o açúcar toma consistência, resultando num bolo que também é chamado de "pão de açúcar".

PÃO DE LÓ Ver *bolo pão de ló*.

PÃO DE LÓ DOURADO Com amido de milho, ovos e açúcar, faz-se a massa, que deve ser muito bem batida e levada a assar no forno.

PÃO DE REIS Ver *rosca de reis*.

PÃO DORMIDO Pão velho, do dia anterior, duro; utilizado para fazer farinha de rosca, pudim de pão, vatapá, açorda (prato tradicional português) e outros pratos.

PAPA Comida de consistência líquida ou cremosa, cozida, feita com diferentes farinhas; similar ao angu, ao pirão e ao mingau.

PAPA-PIRÃO O mesmo que glutão.

PAPEL DE SEDA Papel fino de diferentes cores que tem o nome de seda por assemelhar-se à textura do tecido de mesmo nome.

PAPEL FINO Ver *papel de seda*.

PAPEL FRANJADO Papel recortado artesanalmente, para servir como embalagem para docinhos, em especial balas.

PAPEL RENDILHADO Técnica artesanal e tradicional de recortar papel, normalmente o de seda; os trabalhos muito se aproximam das rendas de bilro e "richelieu". Esse papel tem vários usos na estética dos doces e é utilizado para ornamentar pratos, bandejas e tabuleiros.

PAPINHA Ver *papa*.

PAPOS DE ABADE Doce conventual português feito de farinha de trigo, banha, azeite de oliva e ovo.

PAROL[1] Utensílio para receber o caldo de cana da moenda, no engenho de açúcar.

PAROL[2] Depósito para conter cachaça.

PAROL[3] Ver *cocho*.

PASSA Fruta que é seca ao sol e dessorada; por exemplo, passa de caju, passa de mangaba, passa de uva.

PASSA DE PÊSSEGO Os pêssegos são fervidos, pelados e recobertos com calda de açúcar; em seguida, são passados na peneira e recebem nova calda de açúcar; por fim, são postos para secar.

PASSA DE UVA Tradicionalmente chamada de "Málaga" ou "Corinto"; de onde procediam as passas usadas na doçaria.

PASTA DE FRUTAS Ver *marmelada*.

PASTEL DE FESTA Pastel convencional de massa de farinha de trigo, com recheio de carne de porco temperada e azeitonas, pulverizado com açúcar e canela.

PASTILHA É um ponto do açúcar.

PASTILHAGEM Ver *confeitaria*.

PÂTISSIER Conhecedor da confecção de massas doces, pães e bolos, além de outras técnicas gastronômicas.

PAU-DOCE Cana-de-açúcar.

PÉ Resíduo que fica no utensílio e que funciona como ingrediente necessário e complementar às receitas. No *Livro de cozinha da infanta d. Maria* (Manupella, 1987), observa-se que, em um caso específico, a vasilha não deve nunca ser lavada, para que o "pé" funcione como fermento na preparação de outro prato.

PEAGÔMETRO Equipamento para medir e apoiar na correção da acidez do caldo de cana.

PÉ DE CANA[1] Referente a cana sacarina.

PÉ DE CANA[2] Referência a que bebe muita cachaça.

PÉ DE CANTIGA Versos criados em áreas canavieiras, alusivos à cultura da cana-de-açúcar.

PÉ DE MOLEQUE[1] Bolo preparado com amendoim, rapadura, mandioca e castanha-de-caju. No processo tradicional, cozinhava-se a massa envolta em folha de bananeira; hoje, o bolo é assado segundo o processo convencional. Integra o cardápio junino.

PÉ DE MOLEQUE[2] Doce semelhante à cocada preparado com açúcar e amendoim. Seu nome é alusivo ao calçamento tradicional das ruas do Brasil colonial, em que as pedras arredondadas lembravam o formato do doce.

PEDRA DE AÇÚCAR Torrão de açúcar.

PEGADO O mesmo que melado.

PEIXINHO DE AÇÚCAR Confeito ou alfenim em forma de peixe.

PEJAR Referência à conclusão do trabalho de moagem nos engenhos de açúcar.

PELADAS O mesmo que descascadas; por exemplo, amêndoas peladas.

PELAR Retirar a pele ou a casca de frutas.

PELO-DE-MOÇA Tipo de cana-de-açúcar.

PELOTAS Cidade gaúcha conhecida como a terra do charque (carne de sol de gado bovino) e que, no século XVIII, abasteceu o país com esse produto. Isso fez de Pelotas (RS) um importante centro social e econômico, onde passaram a ser valorizados os hábitos afrancesados à mesa e, com estes, o cultivo dos doces. O açúcar para Pelotas vinha do Rio de Janeiro, da Bahia e de Pernambuco. É até hoje um dos maiores centros produtores de doces.

PELOURO Ponto da calda de açúcar.

PENEIRA Utensílio culinário de trama ou malha de diferentes aberturas, visando processar produtos como farinhas, selecionando impurezas e dando texturas desejadas a ingredientes que seguirão para compor diferentes pratos na confeitaria e na padaria. É comum peneirar-se o açúcar para conseguir o aspecto e a qualidade, ou textura, que se exige para o doce.

PENEIRA DE SEDA Peneira de trama fina.

PENEIRA GROSSA Peneira de tramas largas.

PESSEGADA Doce de pêssego em pasta.

PÊSSEGO EM CALDA Doce da fruta cozida, geralmente em calda leve e transparente de água e açúcar.

PETIT FOUR Docinho; confeito; bolinho.

PICADEIRA DE CANA Utilizada para picar a cana antes da etapa de moagem, visando aumentar o rendimento na obtenção do caldo de cana.

PIÈCE MONTÉE Elemento alegórico de *pâtisserie*, feito com massa de amêndoa (marzipã), açúcar e chocolate; elemento móvel e alegórico, de caráter escultórico, que compõe a estética de bolos monumentais.

PILÃO[1] Utensílio culinário que pode ser feito de madeira, de pedra ou de metal, utilizado para pilar; é constituído de duas peças: o corpo (recipiente) e a mão (tipo de soquete). Tecnologia para transformar cereais, grãos e temperos, ou mesmo para preparar alimentos como a paçoca, por exemplo.

PILÃO² Referente à forma cônica do pão de açúcar.

PIMENTÃO DE AÇÚCAR Tipo de confeito.

PIPA Antiga medida de volume equivalente a 497,2 litros.

PIRÂMIDE DE AÇÚCAR Elemento estético que complementava a mesa de doces. Expressava o esplendor e a riqueza das mesas senhoriais das casas-grandes.

PIRÃO DE BURRO Doce feito com farinha de mandioca e mel de engenho.

PIRULITO Rebuçado de forma cônica; é embalado em papel. Sua fabricação é doméstica e é comercializado em diferentes tamanhos e sabores, preso a tábuas de pirulito.

PISAR O mesmo que pilar artesanalmente.

PITADA Quantidade indeterminada e subjetiva cuja indicação é muito comum nas receitas; por exemplo, uma pitada de sal, uma pitada de açúcar, uma pitada de pimenta. Há certamente na pitada uma "assinatura" pessoal que se integra ao que se pode chamar de "estilo culinário".

PITANGA (*Eugenia uniflora*) Fruta nativa do Brasil. Verdadeira fruta símbolo com a qual Gilberto Freyre criou o "conhaque de pitanga", receita secreta e familiar. Também foi comparada à ginja, fruta do conhecimento culinário dos portugueses, similar em formato, cor e tamanho.

PITÉU Coisa gostosa; coisa doce.

PIXAIM Doce feito de coco ralado, farinha de trigo, açúcar e sal a gosto. Notar que o termo "pixaim" se refere a um tipo de cabelo visualmente assemelhado ao doce.

PLANTATION Propriedade dedicada à cultura agrária extensiva da cana sacarina; plantação das canas de açúcar; canaviais.

PÓ DE AÇÚCAR Referente ao açúcar branco e refinado.

PÓ DOCE Açúcar em pó e refinado.

POLME Massa de farinha de trigo e água para envolver ingredientes que são fritos; também referente à polpa de fruta.

POLVILHADOR Utensílio de vidro, cristal, porcelana, prata ou uma combinação desses materiais, usado para polvilhar, em geral, canela ou pimenta-do-reino; é levado à mesa para temperar os pratos.

POLVILHO Produto extraído da mandioca, pó fino e branco usual para fazer sequilhos e biscoitos.

POMBA Grande colher de cobre para retirar o caldo de cana da última tacha ou caldeira.

POMBINHA DO DIVINO Forma tradicional que se dá artesanalmente à massa de açúcar, com a técnica do alfenim; doce que celebra a festa do Divino Espírito Santo.

PONCHE[1] Na região Nordeste, é refresco de fruta com muita água e muito açúcar.

PONCHE[2] Suco de fruta com bebida alcoólica e outros ingredientes; utilizam-se também os pedaços das frutas.

PONCHE DE MEL DE ENGENHO Refresco em que se misturam mel de engenho e água – preferencialmente água de pote, aquela acondicionada em pote de barro, com gosto peculiar.

PONTO[1] Graduação da qualidade da calda de açúcar identificada pela forma, consistência, densidade, cor, textura, odor e outras características físicas. No preparo do doce é o conhecimento acerca da qualidade desejada durante a preparação da calda.

PONTO[2] Momento culinário em que o doceiro determina que a receita está pronta. O mesmo que "está no ponto".

PONTO APERTADO Calda de açúcar com consistência mais próxima do sólido.

PONTO ASSOPRADO Calda de açúcar que tem como característica formar bolas, bolhas de ar, quando o açúcar é assoprado na escumadeira.

PONTO CARAMELADO Calda de açúcar que tem como característica uma massa de cor dourada consistente como um caramelo.

PONTO DE AÇÚCAR Qualidade desejada do caldo da cana para ser levado às fôrmas.

PONTO DE AREIA Calda de açúcar que tem como característica a formação de partes sólidas que se assemelham a areia.

PONTO DE BALA Ver *ponto de rebuçado*.

PONTO DE BALA MOLE Ver *ponto de estrada*.

PONTO DE CABELO Calda de açúcar que, quando é derramada, apresenta-se como um fio.

PONTO DE ESPADANA Calda de açúcar que, quando é retirada da panela com a escumadeira, escorre na forma de fitas.

PONTO DE ESTRADA Calda de açúcar que tem como característica a consistência pastosa; quando se passa a colher pelo fundo do recipiente, vê-se uma linha, como se fosse uma estrada.

PONTO DE FIO Calda de açúcar que se caracteriza por um fio formado quando uma gota da calda é colocada o polegar e o indicador, e, em seguida, se afastam os dedos.

PONTO DE PASTA Calda de açúcar que tem como característica formar uma camada fina que não escorre da escumadeira.

PONTO DE PÉROLA Calda de açúcar que se caracteriza por um fio (mais espesso do que no caso do ponto de fio) formado quando uma gota da calda é colocada o polegar e o indicador, e, em seguida, se afastam os dedos; ao se romper esse fio, sua extremidade adquire a aparência de uma pérola.

PONTO DE REBUÇADO Calda de açúcar que, colocada num recipiente com água fria, transforma-se em uma massa de açúcar consistente e moldável.

PONTO DO DOCE *Ver ponto.*

PONTO PUXA Calda de açúcar que tem como característica formar uma camada espessa que não escorre da escumadeira. Também chamado de ponto de bala.

PONTO VÍTREO O mesmo que ponto de bala ou de rebuçado.

POR GIRO DE BESTAS Ver *engenho movido por giro de bestas.*

PORTUGUESES NA PANIFICAÇÃO No período de 1850 a 1930, houve grande imigração de portugueses para o Rio de Janeiro, para Belém e Recife. Eles foram responsáveis pela formalização comercial de estabelecimentos conhecidos como "secos e molhados" (armazéns), "casas de comida", "casas de pasto" e "botequins", com destaque para as padarias e confeitarias.

POTE Utensílio de barro com capacidade de seis canadas (o equivalente a cerca de 10 litros), usado para transporte do caldo de cana nos engenhos de açúcar.

PRAÇA O mesmo que mercado, espaço de comercialização do açúcar.

PRAJÁ Doce feito com melado e ovos.

PRATO DE BOLO Geralmente redondo, de louça, vidro, cristal, prata, acrílico ou barro, que pode ser forrado com papel recortado, para então receber o bolo – uma verdadeira instalação da estética do doce.

PRÉ-AQUECEDOR DO CALDO Recipiente especial em cujo interior o caldo de cana, vindo dos sulfitadores e dos caleadores, é esquentado e segue para os decantadores, onde é purificado o açúcar.

PREGÃO DO ROLETE DE CANA No Recife, os vendedores de roletes de cana cantavam pelas ruas: "– Rolete de cana caiana! É mole, mole, mole e doce!... Aproveita, rapaziada! Que a cana é mole, mole e doce!"

PREGÕES DE DOCES DO RECIFE Os doces eram vendidos pelas ruas desde as primeiras horas do dia até a tarde, sendo anunciados com textos falados e cantados, formando os pregões. Alguns dos mais populares pregões açucareiros: "Tijolim de banana!"; "Rolete mole e doce! É de cana caiana! Oia o rolete!"; "Alfenim! Quem chama mim qué alfinim! Alfinim!"; "Doce de batata-doce! Ô doce mais doce, só é o doce de batata-doce! Doce de batata-doce!"; "Oia a bolinha de cambará!"

PROCESSO CASEIRO Conceito que implica um conjunto de procedimentos culinários os quais recorrem a experiências individuais e a estilos regionais de trabalhar nas cozinhas. É principalmente conhecer técnicas culinárias empregadas nas realizações de receitas que, em geral, necessitam e valorizam o chamado "artesanato culinário". Refere-se também à sabedoria doméstica, caseira e tradicional de preparar receitas.

PROCESSO PRIMITIVO DE FAZER AÇÚCAR Há notícias de que no sul da China, no século II a. C. o caldo da cana era fervido e exposto ao sol para, assim, se produzirem os cristais de açúcar.

PUBA Qualidade da massa da mandioca processada em água.

PUDIM DE CARÁ Iguaria à base da massa de cará, acrescentando-se farinha de trigo, açúcar, ovos, cravo, canela e manteiga.

PUDIM DE COCO Feito de coco ralado e leite de coco, ovos e queijo do reino ralado.

PUDIM DE MACAXEIRA Iguaria cuja base é a macaxeira nova, acrescida de açúcar, coco, ovos, manteiga e sal a gosto. Sua confecção começa com a calda grossa de açúcar; depois, todos os ingredientes muito bem misturados seguem para a fôrma e para o forno.

PUDIM DE MILHO Iguaria feita de milho verde, leite de gado vacum, manteiga, ovos, açúcar e sal a gosto.

PUDIM DE TAPIOCA Iguaria feita de tapioca, leite de gado vacum, baunilha, açúcar, manteiga e ovos. A massa vai ao fogo para cozinhar numa fôrma; depois, é gelada.

PURGA Purificação; processo da tecnologia de fazer açúcar.

PURGADOR Funcionário do engenho que realiza a etapa da purga no processo de fazer açúcar.

PURGAR Colocar o caldo da cana cozido em recipientes (pães de açúcar) que contêm orifícios próprios por onde o excedente de líquido escorre, para assim se formar o açúcar.

PUXA Ponto da calda do açúcar entre o ponto de espadana e o ponto de bala ou rebuçado.

PUXA DE COCO Ver *doce japonês*.

PUXA-PUXA Ver *felô*.

QUARTILHO Medida de capacidade para litros, correspondente a 665 ml. No sistema inglês, é igual a 568 ml.

QUEBRA-QUEIXO Doce ou rebuçado em consistência puxa.

QUEIJADA Tortinha recheada de massa de queijo; por exemplo, as tradicionais queijadas de Évora, de Coimbra e de Murça, todas de Portugal.

QUEIJADINHA Docinho muito popular feito de farinha de trigo, ovos, manteiga e açúcar. As receitas tradicionais de Portugal indicam o uso do queijo ralado como notável ingrediente; daí, certamente, o nome de queijadinha. No estilo brasileiro, acrescenta-se coco ralado.

QUEIJEIRA[1] Recipiente para conter queijo.

QUEIJEIRA[2] Fábrica artesanal de queijo coalho e queijo de manteiga.

QUEIJINHO DO CÉU Doce conventual português feito de amêndoas, açúcar e doce de ovos moles (à base de gemas).

QUEIJO COM DOCE Combinação tradicional de queijo de coalho assado com mel de engenho, ou de queijo de coalho com goiabada.

QUEIJO DE COALHO Queijo feito adicionando-se o coalho (enzima digestiva de mamíferos denominada renina) ao leite; desse modo, o leite transforma-se em coalhada e recebe o sal, para então ser prensado e seguir para a fôrma.

QUEIJO DE CUIA Ver *queijo do reino*.

QUEIJO DE MANTEIGA Tipo de requeijão. O leite é coalhado e segue para o fogo. A nata é recolhida para fabricar manteiga de garrafa. A massa coalhada é dessorada com as mãos e segue novamente para o fogo, onde se acrescenta leite fresco. Já cozida, a massa é passada pela peneira e retorna para o fogo; acrescenta-se manteiga de garrafa e sal. Depois, a massa vai para a fôrma.

QUEIJO DO REINO Queijo muito apreciado no Brasil e que integra a mesa natalina. Sua fabricação segue a técnica do queijo holandês Edam. É embalado em caixa de folha metálica. Acompanha doces em calda e é ingrediente de pudim de queijo e de sorvete.

QUEIJO DO SERTÃO Ver *queijo de manteiga*.

QUILÃO Ver *vinho da terra*.

QUIMBEMBÊ Bebida artesanal feita de fubá de milho e açúcar.

QUINGUINGU Trabalho realizado durante a madrugada nos engenhos de açúcar.

QUINTAL Medida de massa equivalente a quatro arrobas.

QUITUNGA Paçoca feita com amendoins torrados, pimenta cumari e açúcar.

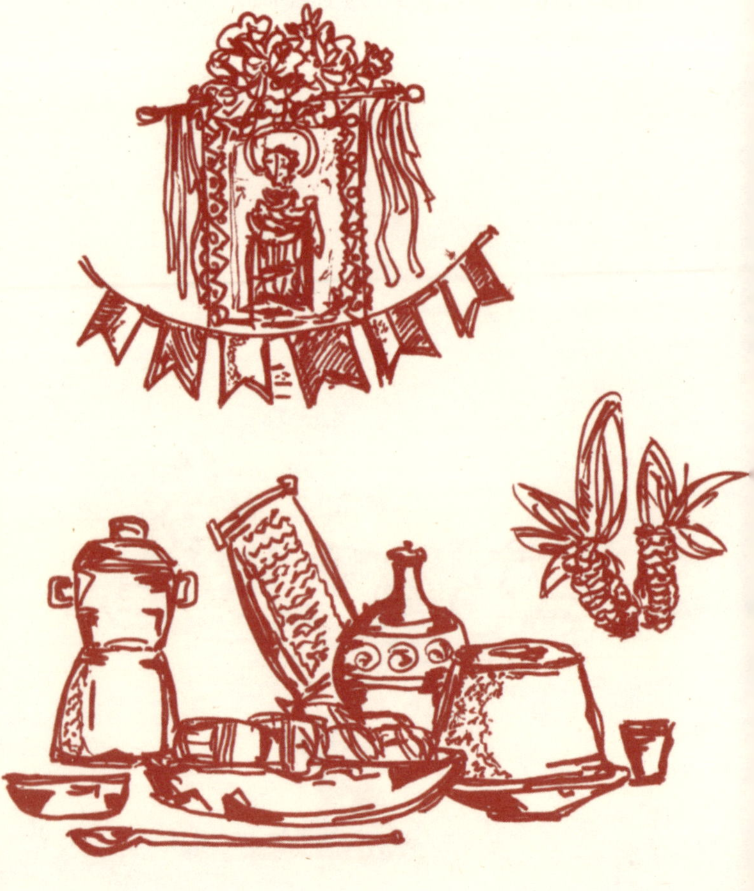

RABANADA¹ O mesmo que fatiada.

RABANADA² Ver *fatia dourada*.

RABANADAS FIDALGAS Rabanadas regadas com vinho do Porto tinto e pulverizadas com canela e açúcar.

RABO DE MACACO Doce de jenipapo cristalizado e cortado em tiras.

RAIVAS Ver *sequilhos*.

RALO Instrumento culinário utilizado para ralar.

RAMINHOS Doce feito com massa de farinha de trigo, bicarbonato de sódio, ovos e açúcar; sobre essa massa estendida são recortadas figuras de raminhos.

RAPA-COCO Instrumento culinário, semelhante a uma colher de metal dentada, utilizado para ralar coco seco.

RAPADURA Produto fabricado em engenho banguê. O caldo da cana não é purgado e conserva todos os sabores originais. O caldo de cana é solidificado em fôrma de madeira e adquire formato retangular, popularmente chamado de "tijolo" e marcado para identificar a procedência. Muitas rapaduras são embaladas em folha de bananeira.

RAPADURA BATIDA Ver *batida*.

RAPADURA DE ABACAXI Rapadura preparada segundo o processo tradicional, com acréscimo de sumo de abacaxi.

RAPADURA DE AMENDOIM Rapadura preparada segundo o processo tradicional, com acréscimo de massa de amendoim.

RAPADURA DE CAJU Rapadura preparada segundo o processo tradicional, com acréscimo de mosto de caju; é uma rapadura temperada.

RAPADURA DE CHOCOLATE Rapadura preparada segundo o processo tradicional, com acréscimo de chocolate.

RAPADURA NATURAL Ver *rapadura pura*.

RAPADURA PURA Rapadura preparada a partir de caldo de cana-de-açúcar.

RAPADURA RALADA Usual para adoçar bebidas e como ingrediente de diferentes doces.

RASPA-RASPA Bebida feita a partir de gelo raspado artesanalmente. Para dar sabor a esse refresco, utilizam-se xaropes de frutas, como maracujá, coco, tamarindo e morango.

REBUÇADO Doce caseiro de diversos sabores, feito de calda de açúcar acrescida de corantes, aromatizantes e outros ingredientes e, a seguir, endurecida.

REFRATÔMETRO COM ESCALA Instrumento para medida da concentração do caldo de cana e do melado, seguindo a medição de Brix, com escala de 70° e 90°.

REFRATÔMETRO DE CAMPO Instrumento para medida e controle da maturação e da concentração do caldo de cana.

REGALÕES Senhores de engenho que comiam muito e apreciavam especialmente os doces regionais.

REI ALBERT Doce feito com abacaxi, ovos, gelatina e açúcar.

REMINHOL Grande colher de cobre para mexer o caldo de cana nas caldeiras.

RENDA DE PAPEL Papel artesanalmente recortado.

RENINA Ver *queijo de coalho*.

RESFRIADEIRA Tanque e depósito para conter a massa de açúcar antes de seguir para as fôrmas (pães de açúcar).

RESSOCA Referente ao terceiro plantio da cana-de-açúcar.

ROCAMBOLE Doce composto por uma massa leve e macia, tipo pão de ló, recheada com diferentes doces ou cremes, para depois ser enrolada.

RODETE Roda menor e dentada acoplada à bolandeira do engenho hidráulico.

ROLETE DE CANA Rodelas de cana-de-açúcar encaixadas em hastes de bambu, formando quase um ramalhete, e comercializadas por ambulantes.

ROLETEIRO Vendedor ambulante de rolete de cana.

ROSCA DE REIS Pão arredondado, em formato de argola, feito de farinha de trigo, ovos, açúcar, leite de gado vacum, fermento, frutas cristalizadas e frutas secas. Como recheio tradicional, pequenas joias ou textos impressos com mensagens alusivas ao Natal; a rosca homenageia os três Reis Magos.

5

SABÃO Rapadura preta, escura.

SABONGO Ver *baba de moça*².

SACARÍFERO Que contém ou que produz açúcar a partir da cana sacarina.

SACARINA Adoçante artificial feito a partir de derivado de petróleo.

SACARINO Relativo ao que tem açúcar de cana sacarina.

SACARÍVORO Que come açúcar de cana sacarina.

SACCHARUM OFFICINARUM Espécie botânica da cana sacarina, de possível procedência do arquipélago malaio.

SACCHARUM SINENSE tipo de cana sacarina.

SACO DE CONFEITEIRO Utensílio de plástico utilizado na ornamentação de bolos, tortas, etc., com forma cônica e extremidade com rosca para se acoplar diferentes bicos de confeiteiro.

SAL DA ÍNDIA Designação para o açúcar na Antiguidade.

SAMBA DE BOTADA Ver *sambada*.

SAMBA DE MATUTO Ver *sambada*.

SAMBADA Manifestação rítmica do macrogrupo das danças de matriz africana. Tem características coreográficas semelhantes ao coco de roda, em que a umbigada é elemento marcante. Sambada também é uma festa, reunião para se dançar, percutir instrumentos musicais. Sua ocorrência está nas áreas dos canaviais da Zona da Mata.

SAMBOCA Mistura de água de coco com açúcar.

SÃO DOMINGOS Tipo de cana.

SECAR AO SOL Técnica culinária de secar massas e frutas ao sol.

SECOS Referente aos doces cristalizados. Doce de laranja cristalizada também é chamado de "seco de laranja".

SENHOR DA TERRA Donatário; dono de engenho.

SENHOR DE ENGENHO Representante da açucarocracia; dono de escravos; escravocrata. Nobre, segundo as regras do reino; fidalgo da terra.

SEQUILHOS Biscoitinhos macios que derretem na boca, feitos de ovos, manteiga, açúcar, polvilho e sal a gosto.

SINO DE MEL Ver *fôrma de açúcar*.

SOBREMESAS FIDALGAS Sobremesas "sofisticadas", que eram elaboradas na cozinha do engenho de açúcar, a partir de receitas lusitanas ou interpretadas pelas mulheres da família do senhor de engenho.

SOCA DE CANA Conjunto de canas.

SOCADOR Peça feita de madeira; macete; tipo de mão de pilão utilizada para socar o açúcar purgado.

SOPA DOURADA Ver *doce d'ovos*.

SPEZIE Ingrediente para temperar a comida; por exemplo, canela, cravo, açúcar, etc.

STÉVIA Adoçante natural feito a partir da estévia (vegetal do gênero *Stevia*).

SUGAR CANDY Ver *mel de pedra*.

SULTANAS Passa de uva branca.

SUMBA Ver *ofã*.

SUMO AÇUCARADO DE FRUTA Ver *xarope*[1].

SUSPIRO Doce feito de claras em neve misturadas a açúcar refinado e suco de limão, e, em seguida, assado em tabuleiro forrado de papel de seda.

T

TABACO DE RAPOSA Ver *farinha de milho²*.

TABLETE DE AÇÚCAR Açúcar compactado; torrão de açúcar.

TABULEIRO¹ Objeto retangular de madeira utilizado para transportar e oferecer, geralmente, comida. Tradicionais são os chamados "doces de tabuleiro".

TABULEIRO² Ver *talhão*.

TABULEIRO³ Planalto pouco elevado e de vegetação rasteira; área tradicional para o plantio de cana-de-açúcar.

TABULEIRO DA BAIANA: Espaço de exposição e venda de comidas especiais, entre elas as cocadas.

TACHA Ver *tacho*.

TACHA CLARIFICADORA A primeira tacha da casa da fornalha.

TACHADA A quantidade de mel fervente que está em uma tacha.

TACHO Utensílio de cobre, ferro ou barro, de forma semiesférica, fundamental na casa das caldeiras dos engenhos, para cozinhar o caldo da cana.

TACHO DE XAROPE Etapa de evaporação do caldo.

TACHO DO COZIMENTO Tacho em que o xarope adquire a qualidade do mel, com formação dos cristais de açúcar.

TACHO PARA PURIFICAÇÃO Tacho que recebe o caldo de cana vindo da moenda, para dar início ao processo de fabricação do açúcar.

TAFIÁ Cachaça feita com as escumas e o xarope do açúcar.

TALHADA Fatia.

TALHADA DELGADA Fatia fina.

TALHÃO Espaço localizado entre dois regos, determinando a área para o plantio de cana-de-açúcar.

TALUDO Trabalhador do eito, trabalhador do campo.

TAMINA Dieta, ração do escravo no engenho de açúcar, quantificada por meio de um vaso especial.

TAMIS Peneira muito fina, usual para se passar a goma de tapioca e utilizada para se conseguir uma farinha finíssima.

TANQUE DE DECANTAÇÃO Local onde o caldo de cana é filtrado e purificado.

TAPIOCA DE COCO Tapioca recheada com coco ralado.

TAPIOCA ENSOPADA Ver *tapioca molhada*.

TAPIOCA MOLHADA Tapioca de goma de mandioca que recebe o acréscimo de leite de coco, açúcar e canela.

TAPIOQUEIRA Culinarista tradicional que faz e vende tapioca.

TARECO Biscoito muito popular, geralmente arredondado, feito de farinha de milho ou de trigo.

TAREFA Medida agrária equivalente, no estado da Bahia, a 4.356 metros quadrados. Medida para orientar o plantio de cana-de-açúcar.

TAREFA DE REGO O trabalho de plantar cana-de-açúcar em determinado tempo.

TAREFA REDONDA Ver *meladura*[2].

TECIDO LASSO Tecido estendido, utilizado para coar líquido.

TEMPERAR O mesmo que coar o caldo da cana ou garapa.

TENDAL¹ O mesmo que varal; espaço para estender, secar pela ação do vento e do sol, para dessorar.

TENDAL² Espaço nos engenhos onde estão as fôrmas de açúcar.

TERRA DO AÇÚCAR NA ANTIGUIDADE Para os gregos e os romanos, a terra do açúcar era a Índia, porque era lá que floresciam as diferentes espécies do *Saccharum officinarum*, tipo de cana sacarina.

THE NORTH BRAZILIAN SUGAR Ver *usina*.

TIGELA Utensílio sem gargalo, arredondado, feito de louça, barro ou vidro, que tem amplo emprego nas cozinhas para a realização de técnicas culinárias. Tradicional para fazer massa de bolo.

TIGELINHA DOURADA Doce feito de manteiga, ovos, coco ralado e açúcar; a cor dourada deve-se à quantidade de gemas de ovos na receita.

TIJOLO Doce em barra que lembra o formato tradicional de um tijolo; rapadura.

TIJOLO DOCE Ver *rapadura*.

TIMBALE Técnica de amassar com as mãos, em geral, massas; por exemplo, massa de pão, de biscoito.

TIPITI Tubo feito de fibras naturais trançadas, que funciona como implemento para extrair o líquido da massa de mandioca.

TOALHAS ALVAS Tradicionalmente, forram os tabuleiros. A cor branca significa limpeza – certamente, para mostrar ao cliente a confiabilidade daquilo que é lhe oferecido sobre o tabuleiro. Integra a venda de comidas ambulantes, como mingau, tapioca e pamonha.

TORRÃO DE AÇÚCAR Ver *tablete de açúcar*.

TORTA Designação genérica para a massa assada que contém recheio; por exemplo, torta de amêndoas, torta de maçã, torta de chocolate, torta de coco.

TORTEIRA Recipiente para exibir e servir a torta, feito de louça, vidro, folha metálica, cerâmica ou outro material.

TRAGACANTO (*Astracantha grumifera*) Vegetal que produz goma usada na doçaria tradicional.

TRANÇA DE AÇÚCAR Tipo de confeito.

TRAPICHE Engenho trapiche. Ver *almanjarra*.

TRIGO (*Triticum aestivum*) Uma das mais notáveis bases para as cozinhas do mundo, especialmente no que se refere às técnicas de doçaria, pastelaria e confeitaria. Com a farinha desse cereal, consegue-se a elasticidade necessária para as massas e, assim, desenvolver amplo conjunto de receitas.

TRIGO SALOIO Tipo de cereal durázio, também conhecido com "trigo grosseiro".

TRIUNFO Prato de sobremesa que recebe ornatos especiais. Também se refere aos papéis finos recortados, para compor pratos de bolos, e à confeitaria figurativa e comestível.

TUMBANÇA Bebida à base de mosto de caju, rapadura, farinha de mandioca e castanha-de-caju.

TUTANO COM RAPADURA No Nordeste, é prato considerado "de sustança": o tutano de boi e a rapadura ralada são "pisados" em pilão artesanal.

U

UFFICIO DI RICETTE Importante livro publicado em Veneza, no ano de 1541, que valorizou o açúcar da cana sacarina na doçaria.

UMBUZADA Ver *imbuzada*.

UNHA DE GATO Ver *sequilhos*.

URUBATIM Gabriel Soares de Sousa diz que, em 1587, os índios chamavam o milho de "urubatim" e que este era cultivado entre a mandioca e a cana-de-açúcar. O autor diz ainda que do milho fazia--se um vinho denominado "chicha", e destaca que, com o milho, eram feitos pães e bolos.

URUPEMA Peneira artesanal com trama em traçado de fibra natural; tem diferentes formatos. É valorizada na cozinha tradicional por atender as características dos procedimentos necessários às receitas.

URUPEMA FINA Peneira artesanal com tramas justas.

URUPEMA GROSSA Peneira artesanal com tramas largas.

USINA Espaço que consolida a indústria açucareira, com a utilização de novas e modernas tecnologias.

USINEIRO Proprietário de usina. Uma nova leitura do senhor de engenho.

V

VARA DE CANA Haste da cana-de-açúcar.

VARIEDADES DE CANA-DE-AÇÚCAR No início do ciclo da cana, cultivou-se a cana "crioula", substituída depois pela cana "caiana", rica em sacarose. Na segunda metade do século XIX, plantou-se a "cristalina"; em seguida, a "imperial", a "flor de cuba", a "pitu", a "preta", a "Manuel de Barros" e a "Manuel Cavalcanti". Ainda no século XIX, plantam-se os tipos indianos CO e os javaneses P. O. J. Atualmente, recorre-se às canas CP 27139 e 3X, entre outras.

VÁRZEA Área plana junto a um curso de água de um rio, tida como ideal para o plantio da cana-de-açúcar.

VASCULHO Ferramenta, tipo de pincel para limpar o mel dos tachos.

VASILHAS VIDRADAS Qualidade de louça de barro, de uso culinário variado, em especial para conter doces em calda.

VERDE-CANA Referência cromática baseada no verde da cana-de-açúcar.

VIDRAR COM CALDA DE AÇÚCAR O mesmo que vitrificar os doces com calda de açúcar.

VINHO DA TERRA Cachaça.

VINHO DE AÇÚCAR Cachaça.

VINHO DE CAJU Suco grosso; mosto do caju e açúcar; tem fermentação controlada.

VINHO DE CANA Cachaça.

VINHO DE JENIPAPO Bebida feita do mosto do jenipapo.

VINHO DO BRASIL Cachaça.

VINHO DO PORTO Vinho tradicional e patrimonial de Portugal, da região do Douro, conhecido desde o século XII. Pode ser tinto ou branco e seu teor alcoólico é de 10° a 20°. Importante ingrediente de muitas receitas de doces.

VINHO MADEIRA Vinho produzido na ilha da Madeira, Portugal. É vinho fortificado, com expressivo teor alcoólico. Usual em muitas receitas, assim como o vinho do Porto.

VINHO TORNA VIAGEM Ver *vinho Madeira*.

VIOLA Bica de madeira por onde escorre o caldo da cana já escumado.

VITRIFICADO[1] Ver *vasilhas vidradas*.

VITRIFICADO[2] Referente ao açúcar caramelizado quando frio.

XAROPAR Tornar o caldo da cana engrossado, em consistência de xarope.

XAROPE[1] Suco de fruta fervido no açúcar.

XAROPE[2] Caldo de cana engrossado.

XÍCARA Referência à quantidade de ingrediente. É muito comum nas receitas, especialmente domésticas e familiares, dizer-se: uma xícara de açúcar, duas xícaras de farinha de trigo.

XUMBREGO Comida feita à base de farinha de trigo, leite de coco ou gado vacum e açúcar. A massa é frita e depois polvilhada de açúcar e canela.

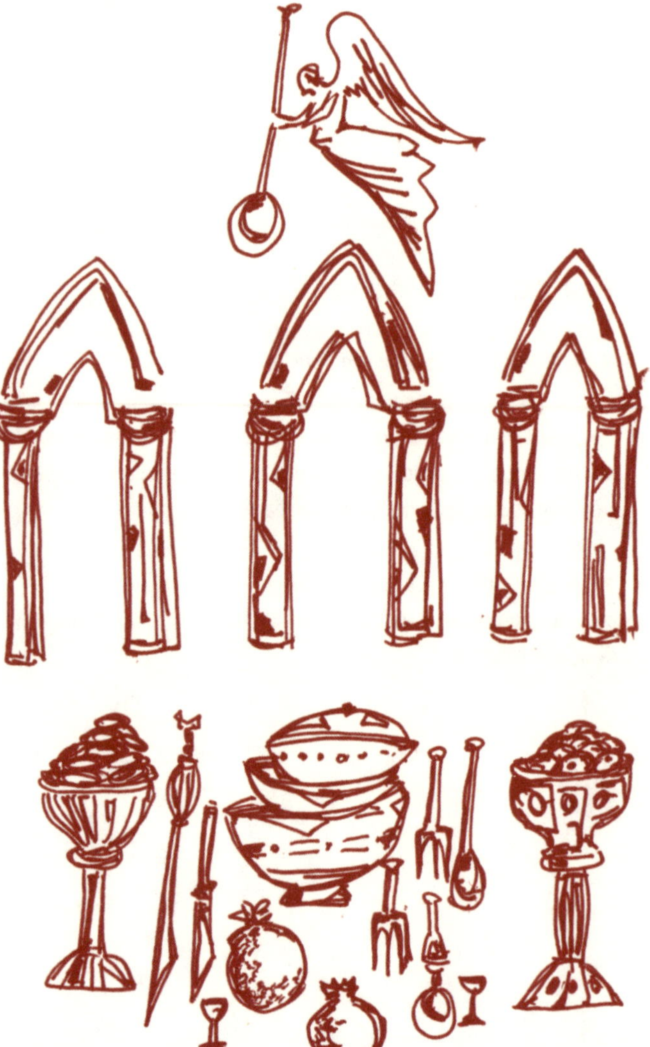

Z

ZESTE A casca da laranja, do limão, ralada para diferentes usos culinários, em especial para glacês.

ZONA CANAVIEIRA Área, região onde se localizam as plantações de cana-de-açúcar, os engenhos e as usinas.

ZONA COLONIAL NORDESTINA Referente à zona canavieira.

ZONA DA MATA Área original da Mata Atlântica. Compreende cerca de 8,4 mil quilômetros quadrados do estado de Pernambuco. Área dos grandes canaviais e dos engenhos de açúcar. Também é uma região de muitas manifestações de cultura popular, como, por exemplo, maracatus rurais, sambada, coco de roda e mamulengo.

ZUCCARI-PULVIS Tipo de cana-de-açúcar.

bibliografia

ALGANTRI, Leila Mezan. "Os doces na culinária luso-brasileira: da cozinha dos conventos à cozinha da casa brasileira, séculos XVII a XIX". Em *Anais de História de Além-Mar*, nº 6, Lisboa, 2005.

AlGRANTI, Márcia. *Pequeno dicionário da gula*. Rio de Janeiro: Record, 2004.

ANTONIL, André João. *Cultura e opulência do Brasil, por suas drogas e minas*. Lisboa: s/ed., 1711.

ARNAUT, Salvador Dias. *A arte de comer em Portugal na Idade Média*. Sintra: Colres, 2000.

BARBALHO, Nelson. *Dicionário do açúcar*. Recife: Massangana, 1984.

BÄRTELS, Andreas. *Guia de plantas tropicais, plantas ornamentais, plantas úteis, frutos exóticos*. Rio de Janeiro: Lexikan, 2007.

BEARDSWORTH, Keil T. *Sociology on the Menu*. Londres: Routledge, 1997.

BELTRÃO, Regina Helena. *Doces, mousses, salgados*. Petrópolis: Vozes, 1994.

BONDAR, Gregorio. *Palmeiras na Bahia do gênero Cocos*. Salvador: Tipografia Naval, 1939.

BRILLAT-SAVARIN, Jean-Anthelme. *A fisiologia do gosto*. São Paulo: Companhia das Letras, 1995.

CARDIM, Ferrão. *Tratados da terra e gente do Brasil*. Introdução e notas de Ana Maria de Azevedo. Lisboa: Comissão Nacional para as comemorações dos descobrimentos portugueses. Lisboa: s/ed., 1997.

CASCUDO, Luís da Câmara. *Antologia da alimentação*. Rio de Janeiro: LTC, 1997.

_____. *Antologia da alimentação no Brasil*. Rio de Janeiro: Livros Técnicos e Científicos, 1977.

_____. *Dicionário do folclore brasileiro*. 4ª ed. São Paulo: Melhoramentos, 1979.

_____. *História da alimentação no Brasil: pesquisas e notas*. Belo Horizonte/São Paulo: Itatiaia/Edusp, 1983.

COSTA, Maria Fernanda Noronha & GONÇALVES, Inês. *Sabor de Goa: cozinha indo-portuguesa*. Lisboa: Assírio & Alvim, 2004.

CRAZE, Richard. *O guia das especiarias*. Lisboa: Livros & Livros, 1998.

CULINARY INSTITUTE OF AMERICA. *The New Professional Chef*. Nova York: Van Nostrand Reinhold, 2006.

DAVIDSON, Alan. *The Oxford Companion to Food*. Oxford: Oxford University Press, 1999.

DUNCAN. T. Bentley. *Atlantic Islands: Madeira, the Azores, and the Cape Verdes in Seventeenth-Century Commerce and Navigation*. Chicago: University of Chicago Press, 1972.

FERRÃO, José Eduardo Mendes. *A aventura das plantas e dos descobrimentos portugueses*. Lisboa: Fundação Berardo, 1993.

FISCHLER, Claude (org.). "Pensée magique et alimentation aujourd'hui". Em *Les Cahiers d'Ocha*, nº 5, Paris, 1996.

FLANDRIN, Jean-Louis & MONTANAIRE, Massimiliano. *História da alimentação*. São Paulo: Estação Liberdade, 1998.

FORNARI, Cláudio. *Dicionário-almanaque de comes & bebes*. Rio de Janeiro: Nova Fronteira, 2001.

FREYRE, Gilberto. *Açúcar: uma sociologia do doce. Com receitas de bolos e doces do Nordeste do Brasil*. São Paulo: Global, 2007.

_____. *Casa-grande & senzala*. 19ª ed. Rio de Janeiro: José Olympio, 1978.

_____. *Manifesto regionalista*. Maceió: Ufal, 1976.

_____. *Nordeste: aspectos da influencia da cana sobre a vida e a paisagem do Nordeste do Brasil*. Rio de Janeiro. José Olympio, 1967.

GAYLER, Paul. *A Passion for Cheese*. Londres: Kyle Cathie Limited, 1997.

GRAHAM, Maria. *Diário de uma viagem ao Brasil e de uma estada nesse país durante parte dos anos de 1821, 1822 e 1823*. São Paulo: Companhia Editora Nacional, 1956.

GRIGSONG, Jane. *O livro das frutas*. São Paulo: Companhia das Letras, 1999.

GUIA TURÍSTICO, HISTÓRICO E SENTIMENTAL DO RECIFE. Documentário. Produção Cara de Cão, Fundação Gilberto Freyre. Consultoria, gastronomia: Raul Lody. Recife, 2008. 1 fita de vídeo (longa metragem).

HAZAN, Marcella. *Escoffier: the Complete Guide to the Art of Modern Cookery*. Nova York: Van Nostrand Reinhold, 1979.

HOUDA, Khadidia & DESBORDES, Christiane. *Postres del Magreb*. Barcelona: Parsifal Ediciones, 2002.

JAFFREY, Madhur. *Quick and Easy Indian Cooking*. San Francisco: Chronical Books, 1996.

JORDÃO, Fred & GUIMARÃES, Roberta (orgs.). *É do coco, é do coqueiro*. Texto: Raul Lody. Recife: Relicário Produções Culturais, 2010.

KAPLAN, Marion. *The Portuguese: the Land and Its People*. Londres/Nova York: Penguin, 1991.

KORSMEYER, C. *El sentido del gusto: comida, estética y filosofía*. Barcelona: Ediciones Paidós Ibérica, 2002.

LAMBERT, H. *Compotas e conservas*. São Paulo: Melhoramentos, 1982.

LAROUSSE GASTRONOMIQUE. Londres: Hamlyn, 2001.

LAROUSSE. *Les Cusines du monde*. Paris: Larousse, 1997.

LIMÓN, Francisco González. *A cozinha dos mosteiros*. Sintra: Colares Editores, s/d.

LODY, Raul. "Abacaxi & Caju". Em *Como, Logo Existo*. Disponível em http://www.malaguetacomunicacao (2008).

_____. "Açúcar. Uma civilização nacional. Sociologia, história e etnografia do doce por Gilberto Freyre". Em *Como, Logo Existo*. Disponível em http://www.malaguetacomunicacao (2009).

_____. *À mesa com Gilberto Freyre*. Rio de Janeiro: Senac Nacional, 2004.

_____. "A rapadura é dura, mas é doce". Em *Como, Logo Existo*. Disponível em http://www.malaguetacomunicacao (2009).

_____. "A tão celebrada cocada". Em *Como, Logo Existo*. Disponível em http://www.malaguetacomunicacao (2009).

_____. *Brasil bom de boca: temas da antropologia da alimentação*. São Paulo: Editora Senac São Paulo, 2008.

_____. "Cachaça: entre o profano e o sagrado". Em ENCONTRO CULTURAL DE LARANJEIRAS, nº 24. *Anais...* Aracaju: Governo do Estado, 1999.

_____. "Culinária & patrimônio: em torno de Açúcar de Gilberto Freyre". Em *Além do apenas moderno: Brasil, séculos XIX e XX*. Recife: Fundaj/Massangana, 2001

_____. *Doçaria brasileira: um doce sabor português. A doçaria tradicional de Pelotas*. Rio de Janeiro: Senac Nacional, 2003. Edição em português e inglês.

_____. "É de cravo, é de rosa é de manjericão: o São João luso-brasileiro: mito e devoção no Rio de Janeiro". Em *Os Lusíadas na aventura do Rio Moderno*. Rio de Janeiro: Record, 2002.

_____. "Hacer, comer y vivir: introducción a la artesanía culinaria brasileña". Em *Artesanías de América*, nos 46/47, Cuenca, agosto de 1995.

_____. "Milho, coco e invenção de sabores da culinária junina". Em *Cardápio Mesa Brasileira*. São Paulo: Senac/CNC, 2010.

_____. "Nego-bom & Souza Leão: o bom do doce em Pernambuco". Em *Tempo Tríbio*, 1 (1), Recife, Fundação Gilberto Freyre, 2006.

_____. "O doce sabor do carnaval". Em *Diário de Pernambuco*, Recife, 28-2-1992.

_____. "O tempo do doce". Em *Como, Logo Existo*. Disponível em http://www.malagetacomunicacao (2009).

_____. *Patrimônios culturais tradicionalmente não consagrados, por quem? Ou patrimônios do povo tradicionalmente consagrados pelo símbolo e pelo uso: o caso do artesanato/arte popular*. Rio de Janeiro: Ed. do Autor, 1999 (Comunicado aberto; nº 33).

_____. "Rabo de macaco. O gosto açucarado do jenipapo". Em *Como, Logo Existo*. Disponível em http://www.malaguetacomunicacao (2009).

_____. "Rituales de la memoria". Em *Patrimonio Cultural y Turismo. V Congreso sobre Patrimônio Gastronômico y Turismo Cultural, Puebla, Memórias*. México: Conaculta, Cuaderno nº 7, 2004.

_____. "Roz Bil Halib". Em *Como Logo Existo*. Disponível em http://www.malaguetacomunicacao (2009).

_____. "Sol & açúcar: ecologia e processos de sedução em Gilberto Freyre". Em *Seminário Internacional Novo Mundo nos Trópicos*. Recife: Fundação Gilberto Freyre, 2000.

_____. "Um doce feito a punho". Em *Como Logo Existo*. Disponível em http://www.malaguetacomunicacao (2009).

MAIOR, Mário Souto. *Comes e bebes do Nordeste*. 3ª ed. Recife: Fundação Joaquim Nabuco/Massangana, 1985.

_____. *Nordeste: a inventiva popular*. Rio de Janeiro: Cátedra, 1978.

MANUAL DA CONSERVEIRA: coleção de 300 receitas de doces, compotas e licores dedicadas às boas donas de casa. Lisboa: Henrique Zeferino, 1890.

MANUPPELLA, Giacinto (org.). *Livro de cozinha da infanta d. Maria*. Lisboa: Imprensa Nacional/Casa da Moeda, 1987.

MARQUES, Antonio Henrique de Oliveira. *A sociedade medieval portuguesa: aspectos de vida cotidiana*. Lisboa: Sá da Costa, 1971.

MARTINS, Carl Friedrich Phillip Von. *Ideias sobre a fabricação do pão feito de farinha de mandioca pelo conselheiro Von Martins seguidos de uma apreciação pelo dr. M. A. Macedo*. Rio de Janeiro: Eduardo & Laemmert, 1868.

MILLET, Jean. *Pâtisserie*. Paris: Éditions Hachette, 1998.

MODESTO, Maria de Lourdes. *Cozinha tradicional portuguesa*. Lisboa: Verbo, 1998.

MONTAGNE, Prosper. *Larousse Gastronomique*. Nova York: Crow, 1995.

MONTANARI, Massimo. *The Culture of Food*. Oxford, UK/Cambridge, Mass.: Blackwell, 1994.

MORSY, M. *Recettes de couscous*. Paris: Sindbad, 1996.

ORTIZ, Elizabeth Lambert. *Encyclopedia of Herbs, Spices & Flavourings*. Londres: Dorling Kindersley, Book, 1996.

PASQUET, E. *La Pâtisserie familière*. Paris: Flammarion, 1974.

PELT, Jean-Marie. *Les Épices*. Paris: Libreirie Arthème Fayard, 2004.

PINTO NETTO, J. COSTA *Cadernos de comidas baianas*. Salvador: Fundação de Cultura do Estado da Bahia, 1996.

POULIN, J. P. *Manger aujourd'hui: attitudes, normes et pratiques*. Paris: Éditions Privat, 2002.

QUERINO, Manuel. *A arte culinária da Bahia*. Bahia: Progresso, 1954.

REGO, Antonio José de Souza. *Dicionário do doceiro brasileiro*. Organização da obra (Introdução: Doce Comida; análise de receitas e glossário) de Raul Lody. São Paulo: Editoria Senac São Paulo, 2010.

RIBEIRO, Emanuel. *O doce nunca amargou... Doçaria portuguesa, história, devoção, receituário*. Coimbra: Imprensa Universitária, 1928.

RODRIGUES, Domingos. *Arte de cozinha*. Lisboa: Imprensa Nacional/Casa da Moeda, 1987.

RUHLMAN, Michael. *Elementos da culinária de 'A' a 'Z'. Técnicas, ingredientes e utensílios*. Rio de Janeiro: Zahar, 2009.

SOUSA, Gabriel Soares de. *Notícia do Brasil*. São Paulo: Departamento de Assuntos Culturais do MEC, 1974.

SOUZA, M. F. N. da Costa. *Cozinha indo-portuguesa*. Lisboa: Assirio & Alvim, 1998.

STUART, Martha. *La Passion des tartes*. Paris: Flammarion, 1985.

UIS, João. *Doçaria portuguesa*. Lisboa: Editorial Presença, 1997.

VALENTIN, Luis San. *La cocina de las monjas*. Madri: Alianza Editorial, s/d.

VIVANCOS, Ginés. *Diccionario de alimentación, gastronomía y enología española y latinoamericana*. Espanha: Everest, s/d.

"Rapadura é dura,
mas é doce."

(Tradição popular)